学会相处

突破人际关系困境的人格心理学

[英] 凯瑟琳·斯托塔特 著
（Catherine Stothart）

范鹏 译

HOW TO
GET ON WITH ANYONE

Gain the confidence and charisma to
communicate with any personality type

有时候，我们会说自己跟某些人"性格不合"，即我们跟他们的关系不融洽。有时候，我们可能会觉得跟有些人一见如故，不费什么力气就能跟他们好好相处。本书将向您揭示这种差异产生的原因，以及您如何才能更好地跟具有不同性格特点的人相处。

本书是一本有关如何调整自身行为以便跟他人成功地相处并使所有人都获得满意结果的实用指南。在本书中，您会了解到四种不同的性格风格，弄清楚自己言行的内在动机以及如何管理自己对他人的影响。您还能学到如何更精准地读懂他人的行为、弄明白是什么在驱动他们的行为以及如何调整自己的言行，从而理解他们、跟他们和谐相处。

Authorized translation from the English language edition, entitled How to Get On with Anyone: Gain the confidence and charisma to communicate with any personality type, ISBN 978-1-292-20786-5 by Catherine Stothart, Copyright © Pearson Education Limited 2018 (print and electronic).

This Licensed Edition How to Get On with Anyone: Gain the confidence and charisma to communicate with any personality type, is published by arrangement with Pearson Education Limited.

All rights reserved. No part of this book may be reproduced or transmitted in any form or by any means, electronic or mechanical, including photocopying, recording or by any information storage retrieval system, without permission from Pearson Education Limited.

Chinese simplified language edition published by China Machine Press, Copyright © 2022.

本书中文简体字版由 Pearson Education Limited（培生教育出版集团）授权机械工业出版社在中国大陆地区（不包括香港、澳门特别行政区及台湾地区）独家出版发行。未经出版者书面许可，不得以任何方式抄袭、复制或节录本书中的任何部分。

本书封底贴有 Pearson Education（培生教育出版集团）激光防伪标签，无标签者不得销售。

北京市版权局著作权合同登记号　图字：01-2022-2384

图书在版编目（CIP）数据

学会相处：突破人际关系困境的人格心理学 /（英）凯瑟琳·斯托塔特（Catherine Stothart）著；范鹏译 . — 北京：机械工业出版社，2022.10

书名原文：How to Get On with Anyone: Gain the confidence and charisma to communicate with any personality type

ISBN 978-7-111-71523-8

Ⅰ.①学… Ⅱ.①凯… ②范… Ⅲ.①人际关系学 – 社会心理学 – 通俗读物②人格心理学 – 通俗读物　Ⅳ.① C912.11-49 ② B848-49

中国版本图书馆CIP数据核字（2022）第158978号

机械工业出版社（北京市百万庄大街22号　邮政编码100037）
策划编辑：坚喜斌　　　　　责任编辑：坚喜斌　蔡欣欣
责任校对：韩佳欣　张　薇　责任印制：张　博
中教科（保定）印刷股份有限公司印刷

2022年10月第1版第1次印刷
145mm×210mm·9.25印张·1插页·195千字
标准书号：ISBN 978-7-111-71523-8
定价：69.00元

电话服务　　　　　　　　　　网络服务
客服电话：010-88361066　　　机　工　官　网：www.cmpbook.com
　　　　　010-88379833　　　机　工　官　博：weibo.com/cmp1952
　　　　　010-68326294　　　金　书　网：www.golden-book.com
封底无防伪标均为盗版　　　　机工教育服务网：www.cmpedu.com

赞　誉

"一部有关如何在生活中的方方面面打造良好关系的佳作。"

——琳达·贝伦斯（Linda Berens）博士，《交往精要》（*Interaction Essentials*）一书的作者、交往风格模型的创立者、贝伦斯研究所所长

"对于领导者来说，关键在于真实。如果非常清楚自己的风格，那么您在与他人交往中就会成为一名更高效的领导者，进而创造更多的可能性。本书是一部必不可少的指南。"

——马克·斯图尔特（Mark Stewart），空客公司总经理兼人力资源总监

"了解自我以及如何使自己与他人的相处最优化是一个连续的过程。该指南以经过实践验证的模型为基础，实用而且好用，令人受益匪浅。"

——安德鲁·梅奥（Andrew Mayo），密德萨斯大学人力资源管理教授

"这本书是每位管理者，每个与他人共事者的'必读书'；书中有关改进、管理人际关系的方法和框架，清晰而实用。"

——菲奥娜·科尔库洪（Fiona Colquhoun），有效解决争议中心（CEDR）主任、调解员

"如果您希望自己充满斗志而非垂头丧气,这就是您需要读的书——关于如何与人交往,莫过于此。"

——伊恩·赖特森(Ian Wrightson),玛泽会计师事务所有限公司合伙人、英国主管

"该书新颖而实用,它提出了具体而翔实的方法,能够帮助人们了解自己的行为可能会在无意之中对他人产生怎样的影响,让人们深入了解可能驱动他人不同行为的积极意图。该书对于如何在当下表现出高情商指明了清晰的方向……该书让人爱读而且文笔出色,我很喜欢意图与影响之间的关联——该书令人受益良多!"

——苏珊·纳什(Susan Nash),泰普学院(Type Academy)创始人

"这是一本非常实用的书,为工作和家庭中的真实场景提供了很多思路和模板。"

——安妮·惠特克(Anne Whitaker),安永前审计合伙人

"这本书互动性非常强、非常实用,为读者提供了很多自我评估的机会——您绝对可以从中学到非常有价值、可以马上上手的东西。"

——史蒂夫·琼斯(Steve Jones),莱恩奥罗克公司运营总监

"在这本书中,凯瑟琳找到了学术严谨性与通俗易懂的最佳结合点,为试图帮助客户发现自我、揭示交往之道的相关从业者提供了宝贵的资源,使他们能够获得有益于其工作和团队而且更高效的为人处世之道。"

——苏·希尔斯(Sue Hills),国王基金会组织发展经理

致　谢

本书以琳达·贝伦斯在美国提出、2001 年发表的交互风格模型为基础，并对如何应用该模型进行了阐述。该模型基于贝伦斯 20 年来对性格及气质（卡尔·荣格[1]，凯尔西及贝茨[2]）的研究，并借鉴了有关可观察行为模式的研究（如被博尔顿进一步发展的梅瑞尔及里德[3]的社交风格理论、博尔顿[4]的研究，以及马斯顿[5]、盖尔和唐尼[6]的研究）。

该模型有四种交互模式，贝伦斯分别将其称为掌管团队走向、计划控制行动流程、联动影响他人和幕后行动。在本书中我为这四种模式分别取了只有一个英文单词的名称，以便将其推广，如此调整也得到了贝伦斯的许可。

贝伦斯非常支持本书的写作，关于如何阐述这四种类型，贝伦斯也为我提供了非常宝贵的建议，非常感谢！对于她有关性格风格的渊博知识以及她在该领域的多年耕耘，我钦佩之至。特别感谢：

- 泰普学院的苏珊·纳什。感谢她不吝时间地跟我分享她的专业知识和资源。
- 我的编辑，埃洛伊塞·库克（Eloise Cook）。正是由于他那些非常有价值的指导和建议,本书才得以脱胎换骨。

- 好友艾莉森·斯密斯(Alison Smith)。感谢她花了大量的时间和精力关注本书的细节、校对,并提出改进建议。
- 史蒂夫·泰布莱特(Steve Temblett)。感谢他对有关如何撰写出版提案的建议。
- 我的教练主管乔治亚·帕克(Georgia Parker)。感谢她的建议和鼓励。
- 吉尔·哈迪(Gill Hardy)、理查德·穆知(Richard Moulds)、朱迪·多恩(Judy Done)等朋友和同事。感谢他们一路的建言。
- 大卫·霍奇森(David Hodgson)。感谢他向我分享自己的写作和出版经验。
- 苏·布莱尔(Sue Blair)以及我在泰普学院及英国心理类型协会的同事。感谢他们对本书创作的关注和鼓励。
- 过去七年中跟我探讨过交往类型的所有领导和团队。从他们那里,我学到了很多有关性格和行为的知识。
- 我的丈夫比尔·斯托塔特(Bill Stothart)。感谢他在我们共同生活期间尤其是在我创作本书期间对我始终如一的爱和支持。

出版者致谢

感谢以下个人和组织允许对本书中相关版权素材的使用:

照片

123RF：Aleksangel，第 60 页；Getty Images：Bettmann，第 12 页；Shutterstock：Happy Art，第 12 页。

插图

经授权改编自琳达·贝伦斯的 *Interaction Essentials,3 Proven Strategies to Remove Communication Barriers*（交往精要：经验证的消除交流障碍的三种策略），2015，2011. Radiance House. Los Angeles，California.

其他所有图片版权归 Pearson Education.

前　言

唯有联结

——爱德华·摩根·福斯特（Edward Morgan Foster）

我们都是社会生物。对我们而言，人际关系是我们生活中最重要的组成部分。与财富或地位相比，人际关系更能赋予我们意义与目标感。很多具有说服力的证据都表明"人际关系非常重要，甚至比世界上其他任何东西都重要"[7]。人际关系不好，我们就会感到孤独、苦恼或不适。良好的人际关系是幸福感和成就感的基础。

不过，想在工作单位或家里都能相处融洽可能并不容易——可能会遇到误解或冲突，因而我们也得不到自己想要的结果。更糟糕的是，我们可能遇到自己最不希望看到的结果。

在不同情况下人们往往会重复某种行为模式，我们称其为"性格""个性"或"他们是那种人"。有时候，我们会说自己跟某些人"性格不合"，即我们跟这些人的关系不融洽。发生这种状况，可能是因为他们的言行、想法或感受跟我们不同，因而我们难以认同其行为模式。在有些情况下，我们可能会觉得跟有些人一见如故，不费什么力气就能跟他们好好相处。本书将向您揭示这种差异产生的原因，以及您如何才能更好地跟具有各种性格特点的人相处。

本书基于四种基本交互风格[8]，人们跟他人交往时往往会表现出这四种风格。本书旨在论述如何在工作中以及个人生活中更成功地跟他人相处。

本书是一本有关如何调整自身行为以便跟他人成功地相处并使所有人都获得满意结果的实用指南。您会了解到四种不同的性格风格，弄清楚自己言行的驱动力以及如何管理自己对他人的影响。您还能学到如何更精准地读懂他人的行为，弄明白是什么在驱动他们的行为以及如何调整自己的言行，从而理解他们、跟他们和谐相处。

在商界及教育界，我跟很多个人和团队共事已经有25年的时间。他们最常见的问题都跟与人共事有关。交互风格是我见过的可以帮助他们获得自我意识、更好地与人相处的最好抓手。此外，我发现它对我与丈夫和孩子之间的关系也非常有帮助。在我做教练期间，当我把这些风格推介给人们后，他们发现交互风格既适用于工作关系也适用于工作之外的生活和人际关系。这就是我觉得值得将其推而广之的原因，同时也是我创作本书的原因。

小提醒：人很复杂，没有哪一个人类行为模型能够解释人们之间千差万别的行为。我们的行为受我们接受的教养、教育、我们生活于其中的文化以及我们先天性格偏好的影响。此外，在任何情况下我们都会面临有关如何行动的选择，但这些选择并非是由我们的性格预先决定的。不过，人们确实有一些明显的行为模式（尽管每个人的特点各不相同），了解这四种风格既可以让您获得自我意识也可以让您在如何跟他人交往才能让所有人都获得更好的结果方面拥有更多选择。我发现人们很容易就能弄懂这些风格并很快将其用于实践，而且都获得了积极的、建设性的结果。

本书的结构

本书第一部分阐述了这些风格是什么、这些风格为何重要以及每一种风格的优点和隐患。

- 第一章介绍了情商及最近神经科学发展大背景下的四种性格风格。
- 第二章为您提供了评估自身风格的机会。
- 第三章对这四种风格进行了概述——每种风格的人会给人留下什么印象以及其行为背后可能的动机。
- 第四章至第七章详细描述了这四种风格、如何将自己的优点最大化、找到引发自己情绪问题的原因以及如何管理对冲突或压力的回应。

本书第二部分描述了如何弄清楚他人的风格，并就如何跟他们共同生活或工作提出了建议。

- 第八章主要侧重于他人意识以及如何发现他人想法或感受的苗头。通过肢体暗示与可能的内心动机、信念或目的之间的关联，人们能够理解他人行为背后隐藏的积极意图。
- 第九章至第十二章阐述的是如何跟具有某种风格的人共同生活或工作——哪些做法有用以及跟具有不同风格的人可能会发生的冲突或协作。

本书第三部分介绍了四种风格在不同情况下的具体应用。

- 第十三章侧重于如何建立和谐的关系和信任、如何设定积极的结果以及如何规划自己与他人的交流以产生自己预期的影响。
- 第十四章阐述了如何调整自己的风格，使自己在跟他人的相处中促进对方的投入而不只是服从。
- 第十五章探讨了权力的来源以及如何利用自身风格所具有的优势提升自己的魅力。
- 第十六章阐述了建立自尊和自信的策略。
- 第十七章阐述了如何应对压力、管理压力以及重获活力。

附录部分包括一些非常有用的参考资料和便于查询的表。

本书的使用方法

如果您只想随便翻翻本书而不是从头读到尾，可以先从第二章和第三章开始读，这样您就可以先进行自测并对这四种风格有个大致了解。然后，您可以阅读有关您最喜欢的风格以及如何更有情商地与他人相处和行事的章节（第四章至第七章当中的一章）。

如果您希望看看有关如何更好地跟具有另外一种风格的人相处的建议，那就阅读一下有关如何跟具有相应风格的人共同生活或工作的章节（第九章至第十二章当中的一章）。

本书第三部分包括养成适用于各种风格的高情商行为的方法和技巧——如何形成积极的影响力、如何吸引他人、权力对交流的影响、建立自信等。最后一章阐述了在如今这个繁忙的世界如何保持韧性、如何重获活力。

本书各章都包含一些活动或练习，供您自行选择，因此本书可以作为您本人使用或跟他人共同使用的手册。

本书所有案例都是真实的，所使用姓名均为化名。

本书为谁而写

本书写给有志于理解自我、理解他人、在工作或家中建立更好人际关系的人。读者不需掌握任何背景知识，不过书中也有不少引用之处，有兴趣的读者也可以对该理论及相关模型进行深入研究。

阅读本书有助于您：

- 理解自己的交往风格以及如何管理自己的行为以实现积极的影响力。
- 理解他人的交往风格以及如何更好地与他人相处。
- 在自己的人际关系、工作和家中更自信、更有影响力。
- 学会如何调整自己的风格以改善团队的表现以及让所有人获得更好的结果。
- 学会如何领会他人的行为暗示，从而能够更加成功地接触他人、激励他人。
- 跟他人共事时减少不必要的冲突、避免误解。

希望本书能让您百分之百地享受您所有的人际关系。

目　录

赞誉

致谢

前言

第一部分　您具有什么风格

第一章　您和您的大脑　　　　　　　　... 002

第二章　性格分为哪几种风格？
　　　　您具有哪种风格？　　　　　　... 017

第三章　自我意识与四种风格　　　　　... 049

第四章　领航者　　　　　　　　　　　... 061

第五章　倡导者　　　　　　　　　　　... 077

第六章　激励者　　　　　　　　　　　... 092

第七章　合成者　　　　　　　　　　　... 106

第二部分　如何识别他人的风格

第八章　他人意识　　　　　　　　　　... 124

第九章　跟领航者共同生活或工作　　　... 137

第十章　跟倡导者共同生活或工作　　　... 149

第十一章　跟激励者共同生活或工作　　... 161

第十二章　跟合成者共同生活或工作　　... 173

第三部分　如何在工作和生活中应对不同风格的人

第十三章　积极影响的策略　　…186
第十四章　有魅力的交流　　　…201
第十五章　权力与魅力　　　　…218
第十六章　提升您的自信　　　…231
第十七章　打造韧性，重获活力　…245

结束语　　…267
附　　录　…269
参考文献　…276

Part 1

第一部分

您具有什么风格

第一章
您和您的大脑

我们的意识只不过是无意识深渊中的冰山一角。
——奥利弗·布克曼（Oliver Burkeman）[1]

跟别人相处是人的一生中最有回报的事情之一，同时也是最大的挑战之一。我们都知道，我们跟某些人的关系要比跟其他人的关系好，我们很快就能跟某些人建立和谐的关系，但也可能一见某些人就烦。虽然我们可以选择跟谁交朋友，但我们无法选择自己的同事、邻居、家人或在日常生活中遇到什么样的人。因此，能帮我们更好地跟他人相处的事情肯定是好事情。

无论有意还是无意，我们的一言一行都会对他人产生影响，而且我们跟他人的交流从不会停止。不过，有时候我们意识不到自己跟他人的相处之道或自己的行为对他人的影响。

同样，有时候我们并不善于领会驱动他人行为的想法或感受的相关暗示，甚至会做出不恰当的反应。如果我们能够在这两个方面加以改进，就能更好地跟他人相处，从而拥有更令人满意的人际关系。要跟他人更好地相处，我们就要：

- 了解我们接触他人的方式，有能力管理自己带来的影响。
- 领会来自他人的暗示，调整我们的行为，从而做出建设性的回应。

换句话说，我们的行为要体现出更高的情商，要更有自我意识，也要有对他人更好的认识。

通常来说，人们跟他人相处时的风格分为四种。了解这四种风格能让人获得自我意识、他人意识，在行事方面体现出更高的情商，从而能够跟他人更好地相处。

琳达·贝伦斯在美国研究并提出了四种交互模式[2]：掌管团队走向、计划控制行动流程、联动影响他人和幕后行动。本书为这四种模式分别取了只有一个英语单词的名称：

- 倡导者（Mobilisers）：推进带有结果的行动；一般来说，他们动作快，说话速度也快，性格直来直去、坚定不移。
- 领航者（Navigators）：推进行动进程；一般来说，他们的言行都会经过深思熟虑，性格严谨而专注。
- 激励者（Energisers）：推进参与度；一般来说，他们的言行充满活力，善于表达、积极参与。
- 合成者（Synthesisers）：推进最佳结果；一般来说，他们的言行充满耐心，不装腔作势、平易近人。

在探讨基于这四种模式的风格之前，我们有必要花点儿时间回顾一下：

- 情商为何重要。
- 神经科学有关情商难以提高的一些发现。
- 了解这四种风格如何帮助人们更好地跟他人相处。

情商为何重要

丹尼尔·戈尔曼（Daniel Goleman）[3]等人的研究表明，情商对于人们在生活中取得成功非常重要。本书旨在说明，要跟他人富有成效地共同生活或工作，人们既需要有智商也需要有情商。戈尔曼认为，情商意味着了解自己的情绪并能够管理自己的情绪、了解他人的情绪并能够与之联动。

戈尔曼是一位心理学家也是一位科学记者，其著作基于霍华德·加德纳（Howard Gardner）[4]、保罗·艾克曼(Paul Ekman)[5]、沙洛维（Salovey）、迈耶（Mayer）[6]等人的研究。

艾克曼注意到了所有人类文化公认的六种情绪——快乐、悲伤、恐惧、惊讶、愤怒及厌恶——相对应的面部表情，见图1-1。

图1-1

情商包括一个关键的组成部分，即同理心——察觉他人情绪、自己能够体验同样的情绪或至少能够想象别人感受的能力[7]。

同理心是一个对所有人类关系而言必不可少的基本特征。没有同理心，人们很难跟他人建立联结。（有证据表明，其他哺乳类动物也具有同理心，而且也会受情绪的影响。）[8] 对于任何跟他人共事的人，尤其是对于领导来说，同理心和情商非常重要，因为"如今的领导是一个非常具有情感性的角色"。[9] 阿特金斯工程公司的首席执行官乌维·克洛格（Uwe Krueger）[10] 将情商称为"领导的艺术"：情感使人真实，人们期待您表现出情感然后才会信任您。

情商不仅仅能够创造信任。神经科学家认为感受和思维"完全交织在一起"[11]，（我们自身或他人的）情感为我们提供了决策不可或缺的信息。如果决策中缺少了情感，我们就会做出错误的决定。因此，情商并不只是一件"美好的事物"，它也是我们跟他人在一起工作或生活至关重要的一个组成部分。在任何情况下，无论在工作中还是在工作之外，情商和同理心都有助于我们跟他人好好相处。您可以借助表 1-1 思考自己对情商的认识。

表 1-1

请拿出几分钟思考一下情商对您意味着什么。您知道哪些有关高情商行为的例子？您会认为什么样的行为是高情商行为？您会认为什么样的行为是低情商行为？此处所指行为包括言行、想法或感受。

请参照以下示例。

您用于描述情商的词语或词组
能领会他人的感受

（续）

高情商行为的例子	低情商行为的例子
能够平静而坚定地回应某个正在发火的人	当着别人的面对某人做出负面反馈
备注	

神经科学的最新发现

以高情商的方式行事有赖于了解并能够管理驱动我们自身行为的情绪。此外，还有赖于我们能否意识到自身行为对他人的影响、能否读懂他人的情绪，并理解造成其情绪问题的可能原因。

不过，这事儿并不简单。神经科学家指出，我们对于周围世界的感知容易被歪曲或出错——我们的大脑不仅从我们周围的世界接收信息，而且还会主动创造信息[12]。我们会进行填充、推导或假设，而这些都不在我们对于外部世界的感知范围之内。这种填充、推导或假设也适用于我们对他人的看法——我们也许能够正确解读他们的话语、语气和肢体语言，但我们也可能错得离谱。我们会把自己的解读加在他人的言行之上，进行歪曲之后看待他们的言行。

我们无法得知别人会做些什么。人们常常引用印第安人的一句格言："没有经历过别人所经历的事情，就不要去评判一个人的过去。"这一格言讲了一个很重要的道理。我们根据他人的行为对其想法、感受或动机做出假设，但这种假设很可能是错误的。我们大部分人都有过跟别人对话时自己的理解完全错误或不明就里的经历。同样，有时候我们意识不到自己的情绪，它们可能促使我们说些什么、做些什么或者对他人造成怎样的影响。

神经科学家发现，越来越多的证据表明，我们有关外部世界的认识、对于各种事件的记忆、对于他人的感知，甚至我们的自我感知都可能被歪曲或出错。他们认为人类95%的大脑活动都是无意识活动[13]。

感官知觉和记忆中的问题

我们用五种感官从外部世界获取的东西取决于大脑创造该经历的过程。我们的大脑不只是记录经历，它们也会创造经历[14]。因此，我们不能仅靠基本的视觉、听觉、味觉、触觉或嗅觉来判断事情的真相。棋盘错觉（checkerboard illusion）[15]和麦格克效应（McGurk effect）[16]都表明我们的视觉和听觉都可能被扭曲——您可以到网上看看。在这两种情况下，背景会影响我们根据感知得出的结论。同样，"百事悖论"也表明品牌可能扭曲人们的味觉。在双盲尝味测试中，人们更可能选择百事可乐而不是可口可乐，但一旦知道了品牌，人们就更可能会选择可口可乐。他们的味觉体验会受到包装或该品牌形象等无意识因素的影响。乔纳·伯杰（Jonah Berger）[17]认为，人们99.9%的选择都会受到自己意识不到的相关力量的影响。[18]我们的很多决定都会在无意识之中受到社会影响的塑造。

记忆也会受到即时感官数据之外的因素的影响。在伊丽莎白·洛夫特斯（Elizabeth Loftus）进行的一项实验中，研究人员能够说服成人相信在他们孩提时代曾在某个购物中心走失。研究人员告诉他们一些有关该捏造事件的基本信息，然后问他们走失时的感受。大约25%的人宣称自己记得这件事，他们不仅能谈论自己当时的感受，一个星期之后再次被问及该事件的时候，很多人还会添上一些从未发生过、也从未被告知过的所谓事实的细节。人们会记得某个事件的大致情况但不会记得相关细节，时间久了就可能会添上一些并未发生过的细节，而且认为它们都是真实发生的事情。他们的记忆是对某种想法或感受的记忆，而非对外部世界某个事件的记忆。即使嫌疑人指认也可能出错——有20%的可能，目击证人会把警方确认不可能犯下该罪行的人当作犯罪嫌疑人[19]。

有大量感官数据不断向我们传递，但我们不可能顾及所有数据。我们会下意识地不断处理这些信息而我们对此毫无意识[20]，这些数据绝大部分从来不会进入我们的意识。人们相信，一次只能顾及周围数百万条数据当中的七条数据——我们的大脑有办法选择相关信息。有时候，情况的变化会让一些此前我们没有注意到的事情进入我们的意识。几年前，我想换辆车，看上了一款此前从未注意到的车子。突然之间，大街上好像到处都是我感兴趣的那款车子。

这些车子一直都在那里，但我从未注意到它们。大部分人都有过类似经历。当我们有意做什么事情的时候，就会注意到它而忽视其他的东西。

有时候我们的大脑会记录某件我们事后才会意识到的事件——如果该事件跟我们有关。有一次，我的钱包被人从我的手提包里偷走了，到家之后我才发现钱包被偷。不过，我马上就想起了此前发生的事情，也想起了扒手是谁，尽管当时我并未意识到这一盗窃事件。我们大部分人都可以举出类似的例子，由于事后其他事情让某件事情进入我们的意识，我们才意识到这件事情的重要性。

感知他人过程中存在的问题

以上例子表明，我们通过五种感官获得的知觉、对于事件的记忆都可能被扭曲，而我们的大脑活动都是无意识的。如果我们对于棋盘或可乐等简单物体的知觉都有可能不准确，那么，请您再想想我们对于他人的知觉当中发生扭曲或出错的概率要高多少，因为它们还带有语言和行为的复杂性。

神经科学家认为，我们对于他人的知觉大多都发生在下意识之中[21]。我们会自动根据长相、语气和肢体语言推断他人的心理状态。我们的推断可能对也可能不对。由于这种推断是下意识的，我们基本上不可能厘清头绪。此外，当我们感到威胁时，下意识会接管一切，大脑中更为原始的部分会产生或战或逃的反应。史蒂夫·彼得斯（Steve Peters）将这种本能反应称为"心里的黑猩猩"[22]——这只黑猩猩会在我们的意识决定采用一种更有情商的反应之前开始行动。

当我们跟他人交流时,我们不仅会注意他们说的内容,而且也会注意他们说话的方式、面部表情以及语气。人们往往会错误地引用艾尔弗雷德·麦拉宾(Alfred Mehrabian)[23]的研究。不过,事实上,他对于情绪交流的研究表明:当对方所使用的言语跟语气或面部表情存在矛盾时,我们会更注意、更相信语气或面部表情传达的信息而不是言语本身传达的信息。请注意,该研究专门研究的是情绪交流,而并非其他各种形式的交流。

面部和眼睛特别重要,因为我们的面部表情往往会透露我们对事件的本能反应。看电影时,我们会对荧幕上的事件做出情感或本能的反应。这种反应会呈现在我们的面部表情之中,尽管我们并未跟任何人进行交流——它的发生不受意识的控制。当我们跟他人谈话时,我们的大脑会注意对方表情中细微的肌肉变化,人们认为这是一种发送或接收我们的情绪的突出方式。我们会下意识地映射出这种表情,结果,我们的大脑会体验并识别我们同事此时的情绪。

这会造成一种相当可怕的后果,即那些面部注射过肉毒素的人不太能够活动他们的面部肌肉,因而也不太能体验或理解跟自己进行互动的人的情绪[24]。

有几个众所周知的例子,表明表情和姿势会对人们对事件的解读产生影响。研究人员对1960年尼克松与肯尼迪之间总统竞选辩论时视觉印象的影响进行了研究。在电视辩论过程中,尼克松看上去脸色苍白、憔悴、汗流满面,而肯尼迪看上去则皮肤黝黑而健康。从广播上听这场辩论的人认为尼克松的辩论更为有效,而在电视上看这场辩论的人则认为肯尼迪表现得更好(见图1-2)。

图1-2

事实证明,语气对于人们对讲话者能力的推论具有影响。在某项采用计算机授课的实验中,有些计算机使用女性的声音[25],有些计算机则使用男性的声音。如果话题是爱或两性关系,学生们会认为,关于这一话题使用女性声音的计算机比使用男性声音的计算机懂得更高深的知识。如果使用中性声音,学生们会觉得两种计算机能力相当。学生们觉得有魄力的男性声音要比有魄力的女性声音更为"可爱",即便两者讲的话并无二致(见图1-3)。

图1-3

当我们观察他人时，我们的大脑似乎并不只是记录相关观察结果，而是会创造观察结果。我们的大脑会进行填充，提供并非直接来自原始感官的信息。我们会基于对对方的面部表情、语气、肢体语言乃至其他自己意识不到的因素的感知来做出推论。这种推论或对或错，往往我们只能猜测他人的想法或感受。结果，我们对他人的印象或判断可能不太准确。我们可能会受到无关特质或表面特征的影响，导致做出错误的决定。

我们对他人的判断往往出于猜测或假设而非确凿的证据，这可能让我们做出非常糟糕的决定。1938年，跟希特勒会面之后，英国首相张伯伦[26]在给妹妹的信中写道："尽管我在他脸上能看到冷酷无情，但他给我的印象是他是一个一旦做出承诺就值得信任的人。"

有关求职面试的研究[27]表明，一旦求职者走进门，我们就会对他们做出判断。尽管我们会给他们公平地回答问题的机会，但我们往往发现最初的印象会从中作梗。尽管存在这些证据，但我们往往对自己判断他人的能力非常自信——无论是有关他们的能力、是否诚实或我们是否喜欢他们。您可以结合自己的经历来验证，见表1–2。

表 1–2

回想一下您最近跟某人进行的一次互动
您从他们的面部表情和语气中获得了怎样的信息？这些信息的准确性如何？您是如何得知的呢？

了解自我过程中的问题

虽然我们可能同意理解他人是件不容易的事情，但大部分人仍然相信自己很了解自己。不过，有相当多的神经科学证据能够表明我们远没有像自己想象的那样了解自我。米尔格伦实验（在实验中，参加者认为自己正在对他人进行电击，有些电击非常强烈，甚至可以杀死对方）就是一个很好的例子。大部分人相信我们可以不听从权威人士有关执行电击的指令，然而该实验的证据表明大部分人会服从这些指令。

规划谬误是另一个能说明人们对自己无知的例子。尽管相关经历说明我们总是会低估完成某项任务所需的时间，但我们仍然会继续低估所需的时间。这一点基本同样适用于英吉利海峡隧道、苏格兰议会大厦、伦敦奥运场馆等大型建设工程以及清理车库、开挖花园、整理相册等个人活动。

有一项实验[28]特别能说明我们无法完全了解自己的想法。在该实验中，参与者看到两张照片之后被要求选择一张自己觉得更吸引人的照片。两张照片被移开后，研究人员会拿其中一张照片给参与者看，并让他们解释为什么会选择那张照片。有时候给他们看的就是他们选的那张，有时候给他们看的并不是他们选的那张。然而，大部分人都是直接解释为什么选择此时看到的照片，即使那张并非他们当初选的那张。"往往我们并不知道自己喜欢什么或者为什么喜欢那些事情。我们的偏好充满了容易被背景或社会影响所左右的无意识偏见。"[29]

了解交往风格有何帮助

我们知道自己对于周围世界和他人的看法可能不正确,对他人的解读容易发生扭曲或出错。我们常常误解他人,而我们的反应又会造成进一步的误解、困惑甚至冲突。同样,我们知道我们的大脑中有很多无意识的活动,甚至我们对于自己动机和行为的理解可能也非常有限。因此,了解这些风格有什么作用呢?

了解这些风格有助于我们解读自己及他人的行为,并为我们提供一种用高情商的方式行事的指导。重要的是,这种知识能够将内部和外部世界、内在和外部动机连接起来。它有助于我们跟自我关联、管理驱动我们行为的情绪,解读他人的能量并理解驱动他们行为的原因。它有助于我们用比猜测更好的东西进行填充,这样我们就能转变自己的交流方式和能量,以便跟他人进行更好地联动。

图1-4列出了情商的关键组成部分——自我意识与管理自己情绪的能力、他人意识与管理人际关系的能力。您天生的风格就像一

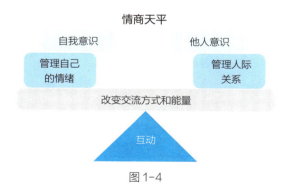

图1-4

个支点,您可以围绕该支点改变自己的能量和交流方式、调整自己的待人之道,从而以高情商的方式行事,打造更好的人际关系。

跟智商一样,某些人天生具有高情商,不过人们也可以后天发展出高情商的行为和态度。情商是"管理个人性格的实践"[30]——人们做过的事情而非已经拥有的东西。了解这些交往风格为人们在当下如何体现出高情商提供了非常实用的见解,因而您可以更好地与他人相处。下一章将对这四种风格的概况予以介绍。

第二章
性格分为哪几种风格？
您具有哪种风格？

愿我们能获得某种能量，能像其他人看待我们那样审视自己！

——罗伯特·彭斯（Robert Burns）

人的性格分为哪几种风格

人们天生就有一些能反映自己性格的行为模式，比如我们会说他人外向、内向、严肃、话多、周到、紧张、友好、爱争吵、热心、摆架子等。当我们跟他人交流时，我们会本能地从他们的动作、说话方式以及面部表情中寻找暗示。我们会对这些暗示进行解读并形成有关这个人、他的性格以及他当前的心理状态的印象。正如上一章所说，这种印象可能准确也可能不准确。

同样，他人也会根据我们对他们的接洽方式对我们做出种种假设。虽然我们具有很多个性化的特征，天生倾向于以某些特定方式行事，但通常来说我们跟他人互动时会表现出四种基本模式。我们天生青睐其中一种模式，但在需要的时候我们也可能变成另一种模式。

这些风格是人们跟他人互动过程中表现出来的肢体和言语行为模式，它们跟人们的内在驱动因素、信念、目的和才能有关系。

这些行为模式（表现于我们的动作、姿态、节奏和语气之中）由我们的身体能量、内在信念和驱动因素组合而成。它们为我们的行为提供了某种动能,而我们表现出来的行为模式形成了他人对我们的印象并对他人造成了一种影响。

这四种风格会影响我们与他人的互动以及我们对他人的影响。这种影响往往是无声的,有时候甚至是无意识的。虽然风格是看得出来的,在他人看来其背后的核心信念、驱动力和目的通常并不明显,而且有时候甚至我们自己也并不清楚这些东西。当了解了驱动我们行为的因素之后,我们就能更好地管理自己对他人的影响。当我们感知到哪些因素可能在驱动他人的行为之后,我们就能对他人做出更有建设性的回应。

了解这些风格对您有什么帮助

每种风格都有特定的交流和决策模式,这种模式对与他人的互动具有影响:

- 了解自己的先天风格有助于您针对自己在不同情况下的行为做出有意识的选择。
- 了解他人的风格有助于您跟他们建立和谐关系、接触和影响他们。
- 了解自己的风格有助于您在跟他人互动时管理自己的压力点。

将外部行为跟可能的内在驱动进行关联后,我们对他人的判断会变得更准确,我们的回应也会更恰当。

在任何跟他人互动的场合,不论在工作场合还是工作之外的场合，了解这些风格都有益处。

> 约什（Josh）是一家公司的经理，他利用对这些风格的了解来指导自己跟管理团队之间的交流。他告诉我："现在我们开管理会议时大家更加包容了。如果有人希望了解计划的更多细节，我们表示能够理解，而此前我们会觉得这事儿早就过去了。我改变了向不同团队成员布置任务的方式，我注意到团队现在的办事效率提高了。"
>
> 约什利用自己对不同交流方式的了解，调整了自己与团队成员的相处之道，也获得了很大的成功。

关于这些风格，人们应该牢记以下几点：

- 它们无法描述您全部的性格特征——人要比某种模型可以描述的复杂得多。
- 它们描述的只是关于如何与他人互动，并不包括您性格的其他方面。
- 我们在某种情况下如何行事受我们自身的教养、教育、经历、所处的文化以及自身性格的影响。
- 这些风格极其有赖于具体的情况。虽然我们天生具有特定的行为方式，但我们能够根据具体情况的需要调整自己的风格。的确，作为一种对具体情况的自然反应，我们往往会下意识地调整自己的行为。

第二章 性格分为哪几种风格？您具有哪种风格？

在教未成年人打羽毛球的时候，苏西（Susie）会有意识地选择一种跟自己的先天风格不同的风格，这使她能够树立必要的权威，以便控制一大群精力旺盛的青少年。这种风格让她非常成功，人们因此认为她是一位非常高效的体育教练。不过，她知道努力维持这种风格会让她殚精竭虑，因此，上完训练课后，她会拿出一些时间做自己最喜欢的活动以便重获自己的活力。

四种风格

表 2-1 列出了这四种风格的人相对应的身体能量、内在信念和

表 2-1

领航者	合成者
相信努力超前思考对如何实现目标是有价值的 表现出专注的能量——平静、有条不紊 深思熟虑以求实现希望看到的结果 可能让人觉得正式而严肃	相信花时间整合、折中大量相关信息是有价值的 表现出亲切的能量——开放且耐心 咨询后做出决定以求尽量实现最佳结果 可能让人觉得没架子、为人谦逊
倡导者	激励者
相信冒险前行、采取行动或做出决定是有价值的 表现出执着的能量——行动迅速、充满活力 快速做出决定，实现可达成的结果 可能让人觉得直来直去、不会转弯	相信努力让所有人参与进来、都愿意参与是有价值的 表现出参与的能量——积极参与、善于表达 做出协作性决定，获得人人欢迎的结果 可能让人觉得很有说服力、古道热肠

改编自琳达·贝伦斯及苏珊·纳什[1]的相关资料。

驱动力以及我分别使用的名称。请不要忘记任何一个词都无法反映某种风格全部的意义。

乍看之下，这些相处之道似乎非常相似，但事实上这四种风格反映了不同的目的和动机：

- 带有激励者风格的人希望获得"人人欢迎"的结果，热衷于他人的参与。
- 带有合成者风格的人希望获得"最佳"结果，热衷于询问他人以及收集信息。
- 带有领航者风格的人希望获得"希望获得"的结果，热衷于弄清行动进程。
- 带有倡导者风格的人希望获得"可实现"的结果，热衷于把事情做成。

想一想您是如何做出决定的。上述四个句子哪一个最能反映您行为的驱动因素？

- 您是否希望获得快速的、"足够好的"结果？（倡导者风格）。
- 您是否希望让大家参与进来，"接受"相关结果？（激励者风格）。
- 您是否希望深思熟虑，把如何实现相关结果考虑清楚？（领航者风格）。
- 您是否希望确保相关结果是最佳结果，考虑所有相关因素和观点？（合成者风格）。

您或许会说自己希望把这些事情一一做到，在理想世界中这并没有错。然而，我们天生会更青睐其中一种决策风格。

考虑一下您在工作之外如何做出决定可能有助于您想清楚这一点。我天生就是一个合成者，我强烈地希望获得最佳结果。当我准备选定去某个新的旅游目的地的路线时，我就会表现出这种风格。我喜欢了解所有可能的路线，然后对每一种路线的利弊进行衡量，包括时间、距离、可能的延误、风景、路上的咖啡店等。我不相信卫星导航系统会考虑所有的因素。如果我跟着导航走，如果发现那并不是最高效的路线，我会觉得无法忍受。虽然这只是对一个小问题的极端反应，但这一事实说明，对我来说，获得最佳结果是一个核心驱动因素。

相比之下，带有倡导者风格的人会快速决定走哪条路线，然后就此上路，而不会担心是不是最佳路线。的确，他们会好奇我为什么会大费周章，在一个无关紧要的决定上面花那么多的时间和精力。

表2-1提到了四种不同类型的能量。尽管我们天生具有某种能量，但在必要的时候，我们也会体验到其他不同类型的能量：

- "专注"的能量（领航者）跟我们备考或参加考试时体验到的那种能量很相似。
- "执着"的能量（倡导者）跟我们着急去某地时体验到的那种能量很相似。
- "参与"的能量（激励者）跟我们办派对时体验到的那种能量很相似。

- "亲切"的能量（合成者）跟我们全神贯注地观察某物时体验到的那种能量很相似。

表 2-1 还提到了带有某种风格的人倾向于如何行动以及他人对自己交流风格的看法。注意到别人身上的这种行为往往比注意到自己身上的这些行为更容易一些，因此让别人给自己反馈以帮助自己评估自己的风格可能非常有用。有时候，某些情况可能要求我们按照特定方式采取行动。虽然我天生是一个合成者，如果我很匆忙或者要给他人指明方向时我的能量会让我看上去会像一个倡导者。您可以判断一下自己属于哪种风格，见表 2-2。

表 2-2

您觉得哪种风格最像您的先天风格呢？如果您无法确定，或许您可以先筛除那些最不符合您的天性的风格。

以下几点非常关键：

- 上述四种能量模式和外在行为与我们的内在动力、目标、信念和才能紧密相连，而后者会影响到我们为了满足自己的需求跟他人如何相处。
- 这四种风格影响着我们的决策方式以及跟他人的交流方式。
- 这四种风格由三种独立的偏好区分开来（尽管风格种类比独立偏好的种类要多）。

这些偏好能够让我们洞悉哪种整体模式可能最为合适。这些偏好分别是：

- 我们在互动中设定节奏和语气方面的角色——主动交流或做出回应。
- 我们试图影响他人的方式——利用指令式或启发式交流（直言相告或提建议）。
- 与他人互动时我们的关注点——放在对结果的控制上或前进进程上。

当我们与他人互动时，他们体现出来的外部能量能让我们洞悉他们当时的内心状态，我们可以利用这一暗示调整自己的行为以适合当时的状况。

这种身心、内外世界的关联使这些风格成为一个非常强大、非常有用的理解人类行为的框架。

要获得有关自己风格的暗示，您可以考察一下这些整体模式背后的偏好。后面的部分包括一些活动，这些活动有助于您考量整体模式背后的偏好是否符合您的天性。

角色的应变——我们在设定节奏和语气方面的角色

在为某次互动设定节奏和语气时，人们通常更喜欢扮演一种主动者或回应者的角色，前者倾向于率先发言或行动，后者倾向于等其他人先走出第一步（请注意：发起交流跟有主动性不是一回事儿）。

考虑一下您的先天偏好是什么,而不是由于您的正式身份或所处状况而可能采取的行为。举例来说,如果您是一名销售人员,您可能会表现出主动式行为,即便您的天性可能是回应式的。如果您是一个正在跟上级会面的下级,您或许会表现出回应式行为,尽管您的天性可能是主动式的。考量自己在互动中的自然行为方式,见表2-3。

表 2-3

以下调查问卷有助于您考量自己在互动中的自然行为方式。当然,在具体情况下您或许会选择其他行为方式。

在两栏中勾选更适合于您的一项。考虑一下,在工作中以及工作之外您一般会怎样,而不是因为环境所迫您会怎样。

	左栏	右栏	
	我喜欢在开口之前先把事情考虑清楚	我常常在讨论过程中考虑事情	
	我不太需要跟他人经常会面	我很喜欢跟他人见面,常常参加社交聚会	
	我喜欢同时专注于少量任务	我喜欢各种任务和活动	
	我不喜欢意料之外的干扰	意料之外的干扰让我颇受激励	
	公开讲话之前我喜欢做好充分准备	公开讲话时我常常喜欢即兴发挥	
	开会时我可能不太发言	开会时我可能会高谈阔论	
	一般来说我会三思而后行	我更可能先行动再仔细思考	

数一下您打的钩,哪边钩多哪边就可能代表了您的先天偏好,尽管根据情况您可能会调整自己的行为。

左边一栏跟"回应式"偏好有关,右边一栏跟"主动式"偏好有关。

在此写一下您可能的偏好:＿＿＿＿＿＿＿＿＿＿＿＿＿＿＿＿＿＿

值得注意的是,西方文化的社会化使我们倾向于表现出主动式行为,因此要评估您的先天偏好并不容易。

表 2-4 列出了这两种偏好的典型特征。

表 2-4

回应式	主动式
往往等别人先接触自己	往往主动接触
能量先向内再向外	能量先向外再向内
安静、节奏偏慢、耐心——慢慢来	有活力、节奏快、积极——说干就干
往往先反思再开口或行动	往往先开口、先行动再进行反思
含蓄的姿势	表现性的姿势
节奏快就有压力	受不了慢条斯理
可能让人觉得有所隐瞒	可能让人觉得反感

改编自琳达·贝伦斯及苏珊·纳什的相关资料。

回应式风格和主动式风格的典型行为

在工作场合开会时,如果有事情需要讨论,您是否发现其他人很快就会发表意见而自己还在思考(回应式风格)?或者,大家讨论某个话题时您是否是最先发言者之一(主动式风格)?

跟朋友们一起外出时,您是否发现正当自己要说些什么的时候,其他人已经要开始讨论下一个话题了(回应式风格)?或者,您是否是引领对话的人之一(主动式风格)?您希望大家轮流发言

（回应式风格）还是觉得大家可以抢着发言（主动式风格）？

您喜欢有一个安静的、可以保持专注的环境（回应式风格）还是更喜欢刺激的、忙碌的环境（主动式风格）？

这些选项并不完全是非此即彼的，因为在不同情况下我们会同时表现出这些行为。不过，一般来说，我们大部分人都本能地知道自己的舒适区在哪里，见表2-5。

表2-5

根据您对主动式风格或回应式风格的偏好，思考以下问题并添加自己的评论。可参考样例。
对于（在家里或工作中）处于您这种位置的人来说，这一偏好可能有什么好处？
如果积极主动，您可能使对话得以继续 / 如果先等待再回应，您可能更善于倾听
处于您这种位置的人可能有怎样的隐患？
积极主动可能使他人没有进行思考或参与的空间 / 消极回应可能难以表达自己的主张
您最羡慕另一种偏好之处？
主动式——他们的精力和热情 / 回应式——他们进行深入思考的能力
您最不喜欢另一种偏好之处？
主动式——可能让人难以应对 / 回应式——可能显得缺乏兴趣

这些偏好的好处和隐患见表 2-6。

表 2-6

	好处	隐患
回应式偏好	倾听 更多的时间 帮助别人 节奏放慢 有一种让人平静下来的影响力 把问题想清楚	可能看起来慢半拍 可能无法参与到对话中来 看上去好像不愿意提供意见 遇到冲突可能会退后或者躲避冲突
主动式偏好	主动而为 节奏快 跟别人交流想法 有一种激励人心的影响力 反应快速	可能草草了事 对话可能变成独角戏 或许不会倾听他人的观点 处理冲突时可能会气势汹汹

外向与内向

该主动与回应维度跟您在其他性格模型中熟悉的外向与内向偏好十分相似。不过，此处它是一个狭义的概念，主要是指互动过程中的行为和能量，回应式偏好的能量更专注于内心，而主动式偏好的能量更专注于外部。行动迅速与慢条斯理之间的区别是主动式偏好与回应式偏好的关键区别点。因此，主动式行为可能表现为率先发言、自由表达观点、推动对话，而回应式行为可能表现为听别人先讲、反复思考，完成每一步都需要些时间。主动式偏好或回应式偏好并不一定跟对话参与多少有关。具有回应式偏好的人（或内向的人）遇到自己感兴趣的话题也可能会滔滔不绝。同样，具有主动式偏好的人（或外向的人）遇到与自己无关的话题也可能会三缄其口。

外向和内向都是性格特征。一般来说，在西方文化中，人们更喜欢外向的性格。在大五人格模型[2]（big 5 personality model）中，内向只是被简单地视为外向的缺失，而非本身就没有积极因素的东西。在大众文化中，我们可能会把外向跟喜欢交际、好玩等积极描述词相关联，而有时候会把内向跟矜持、不合群等消极描述词相关联。不过，外向也可能暗示着骄傲自大和盛气凌人，而内向可能暗示着周到和体贴。

在现实中，大部分人既会表现出内向行为（专注于自己的想法和感受），也会表现出外向行为（专注于外部世界），尽管他们某种行为的多少可能并不相同。谁都不可能完全是其中一种类型的人——如若不然，他们要么是隐士，要么就是一个整天迷恋于派对的人。哪一种性格本身都无所谓好或不好——重要的是，您要了解自我，这样就能够管理自己的能量以及跟他人进行多少互动，也能够更好地跟他人相处。苏珊·凯因[3]（Susan Cain）关于内向型偏好非常有价值的案例研究很有说服力，她也列出了相当多的例子，说明具有这种偏好的人在自己的领域也做出了重大贡献。

如果人们对于这一两极分立看法不一，就可能会出现问题——他们能看到另外一种行为的负面，但自身积极的一面又不被乐见。以下对老师们在研讨会上的讨论的描述代表了他们对于主动式和回应式行为的看法。从中可以看出我们对具有跟自己相反性格的人所持的负面看法以及我们希望他们能理解自己的那些特质。

具有回应式偏好的人如何看待具有主动式偏好的人：

- 自信、嗓门大、活跃、喜欢控制、比自己强。
- 有能力应对对抗。
- 让人精疲力尽、吵闹、爱出风头、好管闲事。
- 精力充沛。
- 无拘无束、不担心别人的想法、无畏。
- 个性强悍、专心致志。

具有主动式偏好的人如何看待具有回应式偏好的人：

- 安静、拖拉、心思重、拘束。
- 自足——我们需要你，但你似乎并不需要我们。
- 良好的倾听者、喜欢反思、深思熟虑。
- 人多的场合难以接近、矜持、不容易搭话。
- 看上去很镇静。
- 无需要不交流。

具有回应式偏好的人希望具有主动式偏好的人能理解自己的方面：

- 我们不喜欢成为焦点。
- 我们自己待着挺好，不需要一直互动。
- 我们可能看上去有些冷淡，但我们很友好而且容易接近。
- 我们可能很安静，但我们也有自己的观点。
- 如果我们要说些什么，那是因为这真的很重要，我们已经考虑清楚了。

- 有时候我们很安静，只是在思考，并没有感到焦虑或不安。

具有主动式偏好的人希望具有回应式偏好的人能理解自己的方面：

- 我们需要回应和反馈。
- 我们找机会跟别人联动。
- 我们有动力，有干劲。
- 我们有时候说话不假思索，我们需要把事情谈好。
- 我们喜欢社交，喜欢跟别人在一起，跟别人对话很开心。
- 沉默让人不舒服、让人不安——你们在想些什么？

在这两组老师的话语当中，让人惊讶的是具有主动式偏好的老师需要跟他人互动的程度以及具有回应式偏好的老师需要独处的时间。通过分享对彼此的看法，他们能够理解对方的需求并调整自己的行为。有事情要说时，具有主动式偏好的人会给自己那些同事更多的提前考虑相关话题的时间——他们了解到跟对方商谈或打扰对方会让对方停止交流。具有回应式偏好的人给他们的同事讨论的机会——他们认识到这有助于他们弄清自己的想法。

除了能更好地跟同事交流，了解回应式与主动式之间的区别还有助于这些老师使用不同的学习策略吸引具有两种倾向的学生。他们既安排了一对一交流也安排了集体交流，既规定了安静时刻也安排了课上讨论。

就总体人口而言，内向偏好和外向偏好的比例大致持平[4]。这意味着，就偏好而言，跟自己共同生活或工作的人的偏好与自己的偏好可能并不相同。我们很容易注意到他人不同于我们的偏好，很可能就此决定是否喜欢对方。与自己相像的人达成和谐和理解往往更容易一些，但我们为了跟与自己不同的人建立良好关系而付出的努力往往会带来有益的回报，让我们在工作中获得更有效的团队协作和决策，也能让家人之间的关系更加多元化。

在我们的个人生活中，了解这一差别使我们能够管理自己对他人的期待。举例来说，具有主动式偏好的伴侣可能比具有回应式偏好的伴侣希望有更多的社交时间。

> 在一个家庭里，父母以及大一些的孩子具有回应式偏好，而小一些的孩子具有主动式偏好。小一些的儿子很健谈，朋友很多，放学后常常邀请朋友回家，周末时喜欢和朋友一起出去玩。他父亲经常跟他说"想想再说话"，不要"说个不停"。不过，这些有关风格的知识帮他认识到他儿子有什么想法就想跟别人交流是很自然的事情。
>
> 在另一个家庭里，父母双方都具有主动式偏好，他们对于自己安安静静的孩子感到非常担心。这个孩子放学一回家就喜欢到自己房间里看书而不是去参加课外活动。跟老师和其他孩子交流一整天之后，她需要一些独处的时间。她父母学会了不再为此担心，也不再唠叨着让她参加太多活动。他们之间的关系更亲密了，他们再也没让孩子觉得自己哪里有问题。

您可以想想自己的偏好是什么，见表 2-7。

表 2-7

既然您已经了解了回应式偏好和主动式偏好的好处和隐患，再想想您自己的偏好。这种偏好是何时出现的呢？
在什么情况下？跟谁在一起？什么时间？
对于实现您希望的结果有怎样的影响？
对于您跟另一个人的关系有怎样的影响？
由于您的偏好您可能会错失哪些跟他人联动的机会？
如果您按照跟自己的偏好相反的偏好行事，在特定情况下您会说些什么或做些什么？
您可能会得到怎样的结果？

斯蒂芬（Stephen）是一家汽车销售公司一位性格活跃、精力充沛、非常外向的经理。他发现自己很难跟阿里（Ali）一起共事。阿里很安静，开会时不怎么说话，而且好像对自己的工作和业务没什么热情。

斯蒂芬曾经认为阿里工作不尽力。经过几次有关性格风格的学习后，斯蒂芬发现自己面临的难题其实主要是风格差异的问题——他期待人人都把自己的热情表现出来，而阿里只是更为克制，不像斯蒂芬那么充满干劲而已。斯蒂芬尝试用一种低调一些、更耐心一些的方式，他发现，如果有空间和机会，阿里也能够做出很大的贡献。

偏好不同的人之间可能会出现一些难题，偏好相同的人之间也可能会出现问题：两个都具有主动式偏好的人可能谁也不听谁的，而两个都具有回应式偏好的人可能根本不交流。

重要的是，您要清楚自己的天生偏好对自己行为的影响以及对于所有状况是否有效。

如果您希望多认识一些人或结交新朋友而您具有回应式偏好，您可能需要"提高"您的音量，努力发起对话，参与到讨论之中，这样别人才能了解您。如果您具有主动式偏好，在这种情况下，您可能需要"减少"您对讨论的参与，提出问题，然后倾听对方的发言，这样别人才会觉得您对他们感兴趣。

更喜欢被动回应还是主动而为对于管理会议尤其重要。如果您的团队成员大多具有主动式偏好，会议期间会有很多探讨；如果他们大多具有回应式偏好，您可能会发现很难让他们开口表达自己的想法。如果其中只有一两个人与其他人的偏好不同，他们可能会觉得会议毫无成效——具有主动式偏好的人占少数的话，他们会对没什么人参与讨论感到沮丧；具有回应式偏好的人占少数的话，他们也会对人们讨论个不停感到沮丧。会议前、会议期间和会议后，您都应该考虑一下自己能够做些什么，这样才能确保所有人都有合适的参与机会。

了解一般情况下哪种环境对您更有成效并设法影响这一环境对您也很有用。如果您具有回应式偏好而且您在一间忙碌而吵闹的办公室上班，您或许可以在休息的时候给自己一些独处的时间。反之，如果您具有主动式偏好而且您在一个像图书馆一样安静的地方上班，您或许应该在休息期间找人互动一下。

如果工作环境并不完全符合您的偏好，您或许需要通过在家庭生活中找一找平衡来加以补偿。具有回应式偏好而在繁忙的办公室工作、要跟很多人进行互动的人，回家后可能需要更多独处的时间进行恢复并重获自己的能量，此后他们才愿意跟自己的伴侣聊天。具有主动式偏好而工作中跟他人几乎没什么互动的人，下班后可能需要多跟其他人做一些活动。

思考一下您应该怎样进行平衡，见表 2-8。

表 2-8

您怎样才能确保满足自己互动或独处的需求呢？

交流的应变——我们试图影响他人的方式

当跟他人互动以便做出决定或完成某些事情的时候，人们往往会想当然地选择一种指令式或启发式的交流风格。具有指令式风格的人心里有一个核心任务和期限，他们往往喜欢告诉他人该怎么办；具有启发式风格的人侧重于获得认同，更喜欢发布信息，把是否行动或如何行动的选择权留给对方。

这一状况同样对于人们实际采用哪种风格有影响，但是，我们通常都有一个自己更青睐的风格。

如果工作中有什么问题需要解决，具有指令式偏好的人可能会做出以下指示："我想我们需要做的是……"，或者"你应该这样做……"；具有启发式偏好的人可能希望提供和接受意见："有很多方面都需要考虑到"，或者"大家怎么看？"

在家里，如果注意到花园里的草长得太高了，具有指令式偏好的人可能会说"请把草割一下"，而具有启发式偏好的人可能会说"草该割了"。

再看一些例子，见表2-9。

表2-9

指令式	启发式
请关一下门	门还开着
谁动了咖啡	咖啡去哪里了
请打扫一下你的房间	如果你能打扫一下你的房间，那就算帮我了
你还没准备好吗	你还要多久能准备好
我现在能用一下电脑吗	你还要用多久电脑

根据我们的偏好，我们问问题的方式也可能不同。例如，表 2-9 中的最后一个问题，具有启发式偏好的问题是在了解情况以判定接下来该做些什么，而具有指令式偏好的问题是在提出一个直接的、毫不含糊的要求。通过指令式行为和启发式行为判断您的偏好，见表 2-10。

表 2-10

对比以下每组说法，勾选更适合您的说法。考虑您一般情况下（工作中和工作外）会怎样，而不是被情势所迫会怎样。绝大部分人既会有指令式行为也会有启发式行为，不过您的回应可能有助于您判定哪种偏好让您觉得更加自然。

我会清晰地表达自己的观点	我往往在决定之前跟别人探讨其他选项
我往往会通过直接告知来动员他人	我往往会通过建议动员他人
如有人讲了我不同意的东西，我通常会如实告知	除非真的有必要，否则我往往会避免发表不同意见
通常请别人反馈之前我心里已经有了行动路线	我喜欢在决定做什么之前先跟别人讨论所有选项
我更喜欢告诉别人做些什么，这样他们就知道我有什么期待	我更喜欢让别人选择，而不是告诉他们该怎么做
我优先考虑的是按时完成任务	我相信让别人参与进来结果会更好
我决定要做些什么，我会建议别人做什么以及如何去做	我把情况解释一下，征求别人的看法，搜集信息，然后我或我们再决定需要做些什么

数一下您在两边打的钩，多的一边可能就是您的先天偏好。当然，根据情况需要您可能会调整自己的行为。

左边一栏代表指令式偏好，右边一栏代表启发式偏好。

表 2-11 列出了具有这两种偏好的人在交流时的典型特征。

表 2-11

指令式	启发式
专注于任务和期限——他们下意识的目标是将讨论集中在最后期限上	专注于意见和动机——他们下意识的目标是得到他人的意见或让他人参与讨论
他们的目标是按时完成任务	他们的目标是得到认同
给出指示、提供框架、告知和陈述指令	陈述、描述、解释并分享信息
还有选择时听起来好像已经没得选了——可能看起来像是已经做出决定但也许能够听得进去其他观点	已经没有选择时听起来好像还可以选择——可能看起来像是虚心好问但希望自己做出最后决定
乐于告诉他人该做什么	乐于提供信息
给出指令并期待对方听从或明明白白地解释他们不同的看法	给出信息并期待对方行动前加以考虑
往往不会让对方觉得还可以选择——别人觉得不得不服从	往往不会传达一种紧迫感——别人并不知道自己期待对方服从
可能让人觉得专横	可能让人觉得缺少主见
别人不听自己的会觉得苦恼	没人请自己共同做决定会觉得苦恼
可能感觉启发式风格是操纵别人	可能感觉指令式风格是独断专行

改编自琳达·贝伦斯及苏珊·纳什的相关资料。

在此记录您可能具有哪种偏好：

下面的例子展示的是指令式/启发式偏好连续体以及该连续体上各个点位的可能交流风格（见图2-1）。很明显，我们希望别人做什么事情的时候说的话会受到相关状况以及社会、文化规范的影响。然而，我们天生就有一种指令式或启发式偏好，它体现了我们希望以何种方式表达自己，当我们并未有意识地计划好如何提出要求时尤其如此。

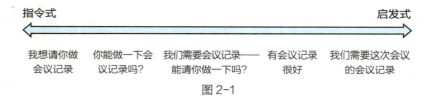

图2-1

在图2-1中，在指令式一端，说话人想要的东西非常清楚，人们很难表示异议，尽管这样说有个缺点，即被指令者会讨厌被告知要做什么；在启发式一端，提供信息可能招来一个心甘情愿的志愿者，尽管这样说也有一个缺点，即人们不清楚说话人想要什么。

以下是在家里在上述各个点位可能使用到的说法，见图2-2。

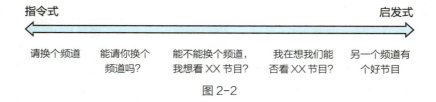

图2-2

同样，在图2-2中，指令式一端也是一个很明确的指示。对方对于说话人想要什么毫无疑问，而且很可能会让人觉得没有选择，只能服从，尽管事实上说话人可能愿意协商。在启发式一端，说话人的意图可能是为了展开讨论，在做出决定之前考虑一下对方的观点，但这一点表达得并不清晰，对方或许并不太确定说话人让自己做什么。

在上述两个例子中，处于中间位置的"混合"风格的说法可能是实现说话人目的最有效的说法，因为它们清晰而且加上了解释。

根据对于指令式或启发式的偏好可能难以进行自我评估，因为随着我们渐渐长大，我们会学会如何通过以特定的方式来表达自己的愿望，从而让他人为我们做事。

在评估您的风格的时候，考虑一下您自发地讲话时会自然而然地选择的表达方式，而不是您提前计划好了要说什么或怎样说时的表达方式。按照您的本性，您会先给出信息（或许再附上指示），还是先给出指示（或许再附上解释）？

在图2-3中，一对夫妇正驾车行驶在高速公路上，此时他们发现前方堵车了。

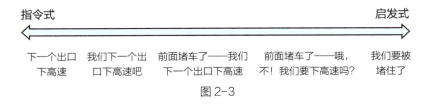

图2-3

如果您当时坐在旅客座位上，您会跟司机说什么？另外一个测试您的偏好的方法是考虑一下如果有人对您使用指令式或启发式说法，您的感受如何。在图2-3中，如果您是司机，如果有人下指令让您下高速，您会欣然接受吗？如果会的话，您天生的风格可能是指令式的。或者，您会希望对于为什么下高速有所解释或跟自己协商一下吗？如果会的话，您天生的风格可能是启发式的。您可以借助表 2-12 进行进一步思考。

表 2-12

根据您具有指令式偏好或启发式偏好，考虑一下您在什么情况下需要对别人施加影响。以下样例供您参考。

写出您希望通过影响别人来实现的一种结果。

例：您希望朋友同意跟您一起周末外出。

写出要实现该结果您会使用的一个指令式说法以及一个启发式说法。

指令式：我们做个外出一周的计划吧。

启发式：要是我们能一起待一段时间那就太好了——你们觉得一起外出一周怎么样？

在这种情况下哪种说法能最有效地实现您希望的结果？

对于跟您角色或情况相同的人，您这种偏好有何优点？

指令式——人们对于您的期待非常清楚。

启发式——人们会听到解释。

对于跟您角色或情况相同的人，您这种偏好有何缺点？

指令式——人们对于被要求做的事情的回应可能不太好。

启发式——人们对于相关要求可能感到有些困惑。

以下是某些工作团队发现的指令式偏好和启发式偏好的一些优缺点（见表2-13）。您将会看到，两者都无所谓对错——这取决于哪种行为对于当时的情况最为有效。

表2-13

	优点	可能的缺点
指令式偏好	别人很清楚相关决定 给人一切尽在掌控之中的印象 相关事宜得以开始 给别人清晰的指示 别人可能喜欢被告知要做些什么 紧急状况或时间紧迫情况下非常有用	人们可能会按决定行事但不会为此承担责任 可能会阻断讨论和交流 可能会显得专横 人们可能会觉得被微管理 人们会等着被告知做些什么
启发式偏好	让别人了解情况 允许别人承担责任 让别人参与并获得他们的认同 考虑到所有选项 处理复杂问题时非常有用	可能会显得缺乏主见 做决定的时间可能会太长 可能会显得软弱或怯懦 别人可能会觉得情况不够清晰 人们可能会意识不到对自己的期待

艾莎（Aisha）是一位具有指令式偏好的某家制造公司的领导。她一手遮天，总是告诉经理们该做些什么以及如何去做。从外部来看，她的业务显得非常有效，公司的目标也得到了实现。但在公司内部，她手下那些经理们觉得备受折磨而且感觉被低估了。一个接一个，他们都换到了能实施自己主张的公司。

> 加雷思（Gareth）是一位具有启发式偏好的某家零售公司的领导。他的经理团队以及广大职员都很喜欢他。不过，他觉得有些人觉得他耳根子软，因为他通常都很友好而且很在意其他人以及他们的顾虑。偶尔，事情不如意时他会大发雷霆，他的团队会感到很震惊，因为这不符合他的性格。他接受了有关必要时如何采取更具指令式风格的辅导，这样他的团队就能清楚地了解他的期待。

当人们在这一维度的表现大相径庭时，交流往往很困难。具有指令式偏好的人更喜欢别人清晰地传达要求。如果他们只是获得了相关信息但没接到清晰指示，他们可能会觉得自己被操纵了。具有启发式偏好的人更喜欢别人提供相关信息以便自己做出决定。如果他们接到了指示但没听到解释，他们可能会觉得自己被呼来喝去。即便人们具有相同的偏好，交流中仍然可能出现很多困难。都具有指令式偏好的人观点不一致时可能会产生冲突，因为通常他们每个人的话听上去都显得斩钉截铁，讨论并达成共识似乎是不可能的事情。同样，都具有启发式偏好的人在讨论不同选项时也可能会产生冲突，因为，通常的话他们每个人的话听上去都是什么都好商量，如果对方不愿意协商他们会感到很震惊。

由于偏好的差异，人们听到同样的话的反应并不相同。这同样适用于书面交流，有时候文体风格可能显得非常扎眼。因而，人们建议在按"发送"键之前要考虑一下，见表2-14。

表 2-14

考虑一下您对指令式风格或启发式风格的偏好何时或怎样才最有效。
在什么情况下、发给谁、何时发送？
对于您希望实现的结果有何影响？
对于您与对方的关系有何影响？
您的偏好可能会使您错失什么机会？
在具体情况下，如果换成相反的风格，您会说些什么以及怎样说？
您可能会得到怎样的结果？

专注于结果还是过程

遇到事情需要跟他人互动时，您会首先专注于对结果的控制还是朝着该结果前进的过程？

这两种偏好也是两种风格的基础。

关于这两种偏好，见表 2-15。

表 2-15

结果导向型	过程导向型
专注于最终结果或成果	专注于如何实现最终结果或成果
倾向于控制相关资源、内容或信息流以实现相关结果	倾向于朝着目标前进：实现目标的过程中会有多个里程碑或者不断有他人参与进来
可以接受对相关结果的一定控制	可以接受某个已经启动的项目或任务
可能过于专注结果而忽视通过计划和过程让他人参与的需求	可能停滞不前或未考虑结果就急于采取行动
可能过于追求控制	可能看不到结果
可能认为专注于过程会延缓成就的达成或者需要变通的东西	可能认为专注于结果不如确保过程正确更为重要，因为过程会带来相关结果

改编自琳达·贝伦斯的相关资料。

为了在工作中或家里做成什么事情，我们必须重视自己想要的或希望实现的结果，否则我们将一败涂地。不过，您要考虑一下自己首先关注的是什么。

您认为自己的先天倾向是：

- 倾向于给自己希望实现的东西定性（结果导向）。
- 定义实现目标的途径（过程导向），有时要靠他人的参与。

在此记录您可能的偏好：_____

四种风格与偏好

每种风格都匹配一种不同的偏好组合，偏好主动式行为或回应式行为，偏好指令式交流或启发式交流。相关情况见图2-4。

图2-4

根据您在本章看到的有关整体模式及其背后的偏好，思考一下您具有怎样的先天风格（排除因为情势所迫而采取的特定风格）。

您的先天风格应该是：＿＿＿＿＿＿＿＿＿＿＿＿＿＿＿＿＿＿

当人们为了某个目标或目的而努力时，有两种风格会很自然地专注于控制结果，其余两种风格则会专注于控制过程：

- 具有倡导者风格的人往往专注于结果，急于尽快完成任务。
- 具有合成者风格的人也专注于结果，但更强调搜集和交流信息，因此可能需要更长时间才能得到相关结果。
- 具有领航者风格的人往往专注于做计划的过程以及确保考虑到所有风险因素。
- 具有激励者风格的人往往专注于让所有人都参与进来的过程。

下一章是对这四种风格的概述——每种风格的人如何待人接物以及其行为背后可能的动机。

如果您难以确认自己的风格，可以参看第三章的相关论述，您也可以让您非常熟悉的人读一下，然后告诉您他们的观点。不要忘记，我们往往会根据具体情况在无意识的情况下调整自己的风格。把这些风格纳入我们的意识，意味着我们对于在不同情况下如何行事可以做出经过深思熟虑的选择，能够更巧妙地领会有关他人内心驱动因素的暗示并以更高的情商做出回应。

第三章
自我意识与四种风格

每一种情绪都包含一种以某种方式行事的愿望。
——威廉·莫尔顿·马斯顿（William Moulton Marston）[1]

情绪是我们的一部分，也几乎是我们所做任何事情的一部分。当跟他人互动时，我们会遇到情绪问题，尽管我们有时可能意识不到这些问题。当遇到情绪问题时，我们通常会在躯体、面部、姿势以及语速和语气方面表现出某种体征。人在兴奋时可能会语速加快，恐惧时可能会一动不动，生气时可能会面红耳赤、沮丧时可能会敲击手指，等等。

对于跟我们交流的人来说，这些体征也许明显，也许不明显。即便他们能注意到我们在交流过程中的情绪，他们也许并不知道我们背后的感受。这种内心情绪与肢体反应之间的关联是这四种风格的一个基本特征。我们跟自己的内在动机有一种情感联结，这种联结会在我们的肢体上表现出来。

这四种风格都有特定的身体行为，而这些行为跟相关风格背后的驱动力有关。大部分人都认为自己的很多特点与自我评估的风格一致，而且也具有一两个其他风格的某些特质。这是因为这些分类并不非常严格，每种风格跟其他风格可能具有某些相同的特征，如前所述，出于相关状况的需要我们可能会调整自己的风格。

另外，同样重要的是，不要忘记，尽管这些风格描述了人们之

第三章 自我意识与四种风格

间明显的差异,但它们无法规定人们的行为。我们可以选择在不同情况下如何行事,我们的选择会受到我们的教养、教育和文化以及我们先天的性格偏好的影响。此外,我们都是独一无二的个体,没有哪种人类行为模型能够囊括所有的行为差异。

不过,把人们之间的这些差异归结为容易识别的模式让我们有机会更了解自我,也让我们在跟他人的互动中如何让所有人都获得更好的结果有了更多的选择。

这四种风格的名称反映了跟他人互动时每种风格的身体能量和内在动力。下面简述了每种风格的人可能会做些什么。在您阅读的时候,要注意恰当地展现您自己的风格。更多细节请参阅第四章至七章。相关描述改编自琳达·贝伦斯[2]及苏珊·纳什[3]。

在家里,很多(并非所有人)具有领航者风格(见表 3-1)的

表 3-1

领航者风格	
回应者 指令式交流 过程导向 	具有领航者风格的人崇尚行动方案: · 他们往往深思熟虑,讲话不紧不慢,看上去平静而专注 · 他们制订行动方案以实现希望的结果 · 他们做决策时小心谨慎,确保过程经过深思熟虑 · 计划、监督、引导和调整,对他们来说往往是很自然的事情 · 他们让集体都走上正轨,而且帮助集体对可能出现的问题做好准备 · 如果不知道将要发生什么事情(或直到有了新的行动方案才知道计划有变)或者看不到事情的进展,他们可能会感到苦恼不已

人往往生活很有计划。周末时,他们更喜欢弄清楚可能会发生的事情并对相关活动做好计划。由于具有回应式偏好,他们不喜欢在自己的休闲时间还要跟他人不断互动,可能希望有充足的独处时间或跟家人或朋友小聚一番。他们对指令式交流的偏好意味着他们谈起自己想做的事情时相当不容置疑,而他们的家人或许意识不到他们比看上去更愿意与人探讨。

在工作中,他们倾向于确保有一套行动方案,而且所有人都按方案行事。出了问题时,他们希望能回到原计划或进程从头开始,确保所有人都知道发生了什么变化以及自己在其中的角色。他们跟别人的相处小心翼翼、字斟句酌,举止平静而严肃。在他人看来,他们遵守既定行动方案的愿望方面可能显得有些不够灵活。

特蕾莎·梅(Theresa May)、退役足球运动员阿兰·希勒(Alan Shearer)和史蒂夫·乔布斯(Steve Jobs)都具有领航者风格的某些特点。在《辛普森一家》中,莉萨(Lisa)具有领航者风格——她做事井井有条、严格自律而且喜欢掌控一切。

在家里,具有倡导者风格(见表3-2)的人往往在生活中井井有条。他们喜欢周末就已经有所成就的感觉,喜欢有其他人参与的活动——这符合他们的主动式偏好。由于他们具有指令式偏好,他们通常专注于某项任务或期限,对于该如何打发自己的休闲时光可能相当果断。他们可能会明明白白地把这一点告知他们的家人。

表 3-2

倡导者风格	
主动者 指令式交流 结果导向 	具有倡导者风格的人崇尚有结果的行动： ・他们往往动作麻利、语速快，看上去直来直去，意志坚定 ・他们能动员各种资源（包括人）来获得可实现的结果 ・他们做决策迅速而且充满自信 ・做出决定、指示，进行动员和执行，对他们来说往往是很自然的事情 ・他们带领集体直奔目标，而且会帮助集体把事情完成 ・如果别人不像自己那样急切或者一事无成，他们可能会感觉失控、苦恼不已

在工作中，他们希望尽快完成任务，而且往往对于需要做些什么一清二楚。他们给人的印象是精力充沛、坚决果断、沉着自如、自信满满，而且掌控一切。如果别人希望行动前再讨论讨论或者坚持有所担当，他们可能会感觉沮丧甚至最终退出。有时候，别人会觉得他们缺乏耐心或者为人苛刻。

艾伦·休格（Alan Sugar）、亚历克斯·弗格森（Alex Ferguson）以及玛格丽特·撒切尔（Margaret Thatcher）都具有倡导者风格的某些特征。在《辛普森一家》中，巴特·辛普森（Bart Simpson）具有倡导者风格——他很直接、心直口快而且行动迅速。

在家里，具有激励者风格（见表 3-3）的人往往非常健谈而且对各种活动充满热情。他们很重视社交，通常希望周末能看看朋友或家人。由于他们具有启发式偏好，他们可能会建议很多选项而且会把这些选项清晰地传达给周围的人。他们扮演主动者的角色，自然会把自己的想法告知别人。他们往往比其他风格的人话更多，口头上和书面上都是如此。

表3-3

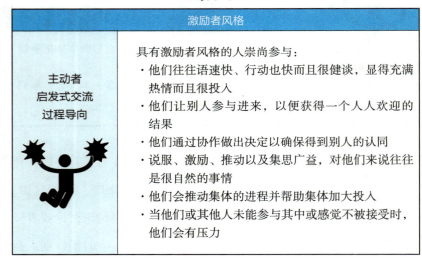

激励者风格	
主动者 启发式交流 过程导向	具有激励者风格的人崇尚参与： · 他们往往语速快、行动也快而且很健谈，显得充满热情而且很投入 · 他们让别人参与进来，以便获得一个人人欢迎的结果 · 他们通过协作做出决定以确保得到别人的认同 · 说服、激励、推动以及集思广益，对他们来说往往是很自然的事情 · 他们会推动集体的进程并帮助集体加大投入 · 当他们或其他人未能参与其中或感觉不被接受时，他们会有压力

在工作中，他们喜欢把人聚起来，分享、探讨各种观点并乐在其中——他们或许也会为同事组织多次社交活动。他们给人的印象是外向、善于表达而且十分友好。一般来说，他们的话很多，如果别人不像他们那样热情，他们可能会觉得自己不受人待见。别人可能会觉得他们过于热情或者认为他们话太多。

加里·莱因克尔（Gary Lineker）、比利·康诺利（Billy

Connolly)以及自行车手劳拉·特洛特(Laura Trott)具有激励者风格的某些特征(劳拉的父亲说她很有活力而且话太多)。在《辛普森一家》中,霍默·辛普森(Homer Simpson)具有其中一些特质——他外向、能说服别人、充满魅力、喜欢成为人们关注的焦点,但不喜欢被排除在外。

在家里,具有合成者风格(见表3-4)的人往往非常重视和谐,喜欢为周围的人服务。他们往往十分灵活,愿意顾及别人的需求。他们喜欢考虑不同选项,习惯于征求别人的看法,并努力让所有人都获得最佳结果。由于具有启发式偏好,他们也许不会明明白白地说出自己想要做些什么。由于具有回应式偏好,他们周末时很看重独处的时间。

表 3-4

合成者风格	
回应者 启发式交流 结果导向	具有合成者风格的人崇尚最佳结果: ·他们的言行往往不摆架子,看上去耐心而且平易近人 ·他们搜集信息和意见以便获得最佳结果 ·他们与人协商,整合很多来源的意见和观点后做出决定 ·定义、说明、支持和整合,对他们来说往往是很自然的事情 ·他们支持集体的进程,并帮助集体避免犯错 ·如果时间不够、自己的努力不被认可或者被催着赶快做出决定,他们可能会感到苦恼不已

在工作中，他们往往希望全面探讨相关问题，然后再决定如何实现相关结果。他们的贡献或许会被忽略，因为他们会做大量的幕后工作，并且有时并不会讲自己做了什么。他们给人的印象是开放、平易近人，他们的风格安静而友好。别人可能觉得他们太拖拉、太没主见。他们或许难以让别人倾听自己的意见。

大卫·贝克汉姆（David Beckham）、安迪·穆雷（Andy Murray）、J.K.罗琳（J.K.Rowling）以及自行车选手贾森·肯尼（Jason Kenny，劳拉·特洛特的丈夫）具有合成者风格的某些特征。（劳拉·特洛特说贾森·肯尼"太拖拉，真让我抓狂"，他岳父说他"安静、低调"）。在《辛普森一家》中，玛姬·辛普森（Marge Simpson）具有合成者风格——她很平静，常常在幕后安安静静地做事，她倾向于维持和平、避免冲突。

识别不同风格

为了进行比较，下面总结了具有每一种风格的人典型的肢体和语言行为（外部表现，见表3-5），以及他们的特定动力、目的、信念、决策风格和让他们有压力的因素（内部动机，见表3-6）。

在跟他人进行互动的时候，了解自己的内在动机有利于您管理随之而来的行为，使您更有机会实现自己的目的。了解什么东西可能给您带来压力也有助于您管理自己的行为、让您更有成效地引导您的能量。见表3-7和表3-8。

表3-5

	领航者 "计划是什么？ 咱们按计划来。"	倡导者 "咱们现在就把这事儿完成！"	激励者 "咱们开始一起做吧！"	合成者 "我们需要怎样的结果？"
声音	平静、慎重的语气 慢而稳的节奏 暂停进行思考 沉默是很自然的事情	开门见山的语气 快节奏 暂停就像很漫长的一段时间 见不得沉默	热情欢快的语气 快节奏 暂停就像很漫长的一段时间 见不得沉默	柔和耐心的语气 体贴的节奏 暂停进行思考 沉默是很自然的事情
身体	步子很轻 放东西时很小心 去目的地时思来想去，并进行必要调整 指指点点	步子很重 放东西时很用力 快速、直接走向目的地 拳头挥来挥去	步子很重 放东西时很用力 波浪线式走向目的地，沿途吸收相关人和信息，扭动猛地挥动手臂，扭动身体	步子很轻 放东西时很安静 波浪线式走向目的地、沿途吸收相关人和信息 姿态轻盈、轻拍
谈论	计划、让谁参与、避开谁 因果	要实现的结果及采取的行动 因果	人们处于什么状况、参与者是谁 共识之处	需要的结果和信息 共识之处
方式	正式、公事公办	直来直去	有说服力、充满热情	不装腔作势、谦逊
能量	专注	执着	参与	亲切
看上去	安静、沉着、严肃、认真	麻利、自信、果决	善于表达、积极向上、随和	安静、从容、友好、耐心

改编自琳达·贝伦斯、苏珊·纳什及安迪科尔的相关资料[4]。

057

表 3-6

	领航者 崇尚行动方案	倡导者 崇尚有结果的行动	激励者 崇尚参与	合成者 崇尚最佳结果
目的	获得希望实现的结果	获得可实现的结果	获得人人欢迎的结果	获得最佳结果
动力	预见到障碍的迫切需求	完成行动的急切需求	让他人参与的急切需求	整合意见的迫切需求
核心信念	努力超前思考对如何实现目标是有价值的	冒险前行，采取行动或做出决定是有价值的	努力让所有人参与进来，都愿意参与是有价值的	花时间整合，折中大量相关信息是有价值的
决定	深思熟虑、志在必得	干净利落	协作、投入	协商、整合
优先事项	制订行动方案以实现希望的结果	动员各种资源以实现可实现的结果	让别人参与以实现人人欢迎的结果	搜集信息和意见以获得最佳结果
可能的天赋	计划、监督、引导和调整	决定、指示、动员和执行	说服、激励、推动以及集思广益	定义、说明、支持和整合
希望	集体都走上正轨，帮助集体对可能出现的问题做好准备	带领集体直奔目标，帮助集体把事情完成	推动集体的进程，并帮助集体加大投入	支持集体的进程，并帮助集体避免犯错
压力源	不知道可能发生什么看不到进展	一事无成感觉失控	未能参与其中感觉不招人喜欢或不受人待见	没有足够的交流，时间或信息还没准备好就被催着做决定

改编自琳达·贝伦斯及苏珊·纳什的相关材料。

表 3-7

在什么情况下您的风格对您非常有用？（即有助于满足您的需求以及实现您的目标）
在什么情况下您的风格对您不太有用？
您如何加以改变？您可以从其他风格中采取哪些行为，以帮助您满足您的需求或实现您的目标？

表 3-8

有时候识别他人身上的风格要比识别自己的风格更为容易。
考虑一下公众人物——政治家、电视上的角色或名人。根据他们的肢体行为以及他们的能量给人们留下的印象，您会把谁归为哪种风格？
您的同事、家人或朋友的风格又是什么样的呢？您觉得谁具有哪种风格？

每种风格都为我们跟他人的互动带来了优点和挑战,都对于我们为了完成什么事情跟他人的互动具有独特的贡献。在理想世界中,每个工作团队或家庭中都应具有这四种风格的人:

- 一个快速着手完成任务的倡导者。
- 一个弄清楚如何实现相关目标的领航者。
- 一个让所有人参与进来、充满动力的激励者。
- 一个可以与其协商、获得相关意见以完成该任务的合成者。

有个同事把不同风格的贡献比作一辆蒸汽火车:倡导者设定目的地,领航者选定路线,激励者启动发动机,而合成者让车轮保持润滑,见图3-1。

图3-1

现在,您可以从接下来的几章当中选择一章(第四、五、六或七章),看看该章对您所认为的先天风格的深入阐述。或者,如果您想考虑一下如何跟具有不同风格的人互动,您可以阅读一下本书第二部分有关如何跟具有每种风格的人共同生活或共事的章节。

第四章
领航者

努力超前思考如何实现目标很有价值。

——琳达·贝伦斯

本章专门阐述领航者风格。请注意,我所说的"领航者"是"具有领航者风格的人"的简称,见表4-1。

表4-1

 回应者 指令式交流 过程导向	具有领航者风格的人崇尚行动方案: ・他们往往深思熟虑,讲话不紧不慢,看上去平静而专注 ・他们制订行动方案以实现希望的结果 ・他们做决策时小心谨慎,确保过程经过深思熟虑 ・计划、监督、引导和调整,对他们来说往往是很自然的事情 ・他们让集体都走上正轨,而且帮助集体对可能出现的问题做好准备 ・如果不知道将要发生什么事情(或直到有了新的行动方案才知道计划有变)或者看不到事情的进展,他们可能会感到苦恼不已

探索您自己的风格

外部表现

一般来说,当我们跟他人交流时,除非是重大场合,我们不会考虑自己会留下什么印象——语速快或慢、面部表情或自己的一举一动。不过,每种风格都有一些关键特点。表 4-2 中列出了在与他人交流中领航者可能会做出的某些行为。

表 4-2

领航者考虑的是:"计划是什么?咱们按计划来。"	
声音	平静、慎重的语气 慢而稳的节奏 暂停进行思考 沉默是很自然的事情
身体	步子很轻 放东西时很小心 去目的地时思来想去,并进行必要调整 指指点点
谈论	计划、让谁参与、避开谁 因果
方式	正式、公事公办
能量	专注
看起来	安静、沉着、严肃、认真

改编自琳达·贝伦斯、苏珊·纳什及安迪·科尔的相关资料。

具有领航者风格的人通常喜欢给别人发号施令——告诉或要求别人做些什么事情。有时候他们认为自己具有启发式偏好,因为他们常常先告知别人行动方案是什么,尽管这一行为事实上体现了指令式偏好。他们往往看起来非常肯定,尽管他们愿意协商。

这种外向行为会向与您进行交流的人传递很多信号,因此花点儿时间考虑一下自己正在传递怎样的信号是值得的。举例来说,如果您显得一本正经、冷若冰霜，接收该信息的人可能会对此产生各种解读。他们或许猜测您正在努力思考什么事情，或者他们可能会认为您不感兴趣或心不在焉，或者其他可能的解读和推测。在某些情况下，您或许希望打造一种不同的印象。例如，您或许希望通过您的肢体语言、语速或语气表明您很感兴趣或非常投入（激励者风格），或者非常急于实现某种结果（倡导者风格）。

> 萨拜娜（Sabina）具有领航者风格，正准备在一次家庭盛事上发言。此前她得到的反馈是她常常显得不苟言笑、沉默寡言，那是因为她通常专注于思考自己要说的话而没有注意下面的观众。她的教练建议她有意识地放松身体，跟观众进行眼神接触，她甚至在笔记的顶部写上了"微笑"，提醒自己要跟观众建立联系。此后，人们对她的反馈好多了。

表 4-3

您的举止可能传递怎样的信息？

内在动机

跟他人一起做出决定、实现相关结果时，每种风格都有特定的目的、动力、信念和决策方式。领航者风格的情况请参看表 4-4。

表4-4

领航者崇尚行动方案	
目的	获得希望实现的结果
动力	预见到障碍的迫切需求
核心信念	努力超前思考对如何实现目标是有价值的
决定	深思熟虑、志在必得
优先事项	制订行动方案以实现希望的结果
可能的天赋	计划、监督、引导和调整
希望	集体都走上正轨，帮助集体对可能出现的问题做好准备
压力源	不知道可能发生什么事情 看不到进展

改编自琳达·贝伦斯及苏珊·纳什的相关材料。

在跟他人进行互动时，了解自己的内在动机有助于您管理相关行为，使您更有机会实现自己的目的。

雪莉（Shelly）要结婚了，准备办一场准新娘聚会。她知道，如果不知道会发生什么，她会受不了，因此她跟朋友们说自己会负责所有的组织工作。能够预料会发生什么让她感觉开心多了。

在工作中，具有领航者风格的人往往专注于正在讨论的话题。参加会议时，某些人可能会忽视跟他人建立关系。资深品质工程师约书亚（Joshua）会打开他的笔记本电脑，在会议开始前都会无视房间里的其他人。就他的行为传递的信息而言，在最好的情况下人们会认为他不希望交流，在最糟的情况下人们会认为他没兴趣或没热情。不过，几个简单的动作（如眼神接触和寒暄）就完全改变了同事对他的看法。让他惊喜的是，自己行为的改变意味着人们会对他以及他的主张做出更为积极的回应。

表 4-5

您在什么情况下会表现出这种内在动力或信念？

领航者的优势和挑战

跟他人互动时，每种风格都会带来特定的优势和挑战。以下优势和挑战来自研讨会上的讨论，具有领航者风格的人往往认为自己具有这些优势和面临这些挑战。

优势：

- 全神贯注于实现该目标的计划。
- 想清楚了需做之事的所有细节。
- 给他人的指示毫不含糊。
- 时间管理——对于为了完成计划需做之事一清二楚。
- 沉着、有条不紊。

挑战：

- 在适应变化方面要更加灵活。
- 对他人的回应可能很慢。
- 其方法可能很费时间。
- 可能显得缺少热情、不太搭理同事。
- 可能很难动员他人。

表 4-6

您觉得自己的优势和挑战分别是什么？

影响与意图

当我们跟他人互动时，有时候会给他们带来意料之外的影响。往往我们的意图很友好，但我们的表达方式带来了某种负面的影响——我们接触别人的方式使我们的正面意图未能得以传达。

领航者的内在动机透露了他们与人互动时的可能意图。他们希望能够确保一份行动方案，希望考虑到相关的障碍，希望所有人都清楚即将发生什么。显然，这些都是正面的、出于善意的目的。然而，他们的行为产生的实际影响可能跟他们起初的意图并不一样。关于这一点，我们可以从以下两个视角加以理解：

- 身体能量跟语言风格可能不太匹配，可能跟具有其他风格的人未能建立和谐的关系。
- 具有其他风格的人的内在动机有所不同，因此，关于什么事情是重要的、值得花时间的优先事项，他们的看法也会有所不同。

关于这两种动机，可参看表 4-7。

打造高情商——自我意识

自我意识以及了解如何管理自己的行为是高情商的一个主要组成部分。

表 4-7

如果您具有领航者风格……	
您给人留下的印象可能是……	因此，跟他人共事时您可以……
较真、严肃 反应慢 过于专注于细节或过程 与团队有些脱节 有所隐瞒、缺乏热情 强行推行您的框架或进程而显得死板 不愿考虑所有选项	努力微笑、保持眼神接触 主动搭话，而且不要只谈工作 练习在合适的时间开口说话 采用开放的肢体语言和容易接近的姿态 主动表示稍后发言 反应快一些 动动笔帮自己理清想法 提供信息而不是指令，表明自己对其他观点的开放态度 确保能够脱身，给自己一些独处的时间

（续）

您可能的内在动机	因此，跟他人共事时您可以……
获得希望的结果 做出经过深思熟虑的决定 制订行动方案，按部就班	跟他们一起弄清楚希望的结果 告诉他们自己能做些什么 告诉他们自己对他们的需求
他人可能的内在动机	因此，跟他们共事时您可以……
获得可实现的结果、快速决策（倡导者） 获得人人欢迎的结果、协作决策（激励者） 获得最佳结果、协商决策（合成者）	承认他们的需求 表明您意识到了完成目标的迫切性 表明您希望让他人参与，而且自己会积极参与 找时间咨询他人，对各种选项保持开放的态度

安妮-玛丽（Anne-Marie）是一家大型组织信息技术部的高级经理，她具有领航者风格，非常善于安排各种系统规划，经理们对她评价很高。不过，在实施她的计划时她往往不太会争取他人的合作，如果跟他人有冲突，她往往会选择退却。她高度专注于任务，如果不是出于工作的要求，她觉得跟他人探讨没有什么意义。对这些风格的了解让她认识到自己在别人眼里过于严肃和较真，她意识到有必要多花些时间和精力去打造人际关系。她在自己的日程簿上专门留出了跟同事联络的时间，她发现这一改变在她需要同事在自己的项目中予以合作时带来了回报。

负面情绪的诱因

高情商的一个关键点在于能意识到自己的情绪并对其加以管理。不过，想知道自己大脑中的想法并不容易。我们的下意识驱动着我们的行为，而我们用自己的意识向自己解释。我们的意识试图理解我们的活动、想法和感受，但往往仅限于猜测或后知后觉。

当我们感觉受到威胁时，我们下意识的反应要比我们的意识更快，有时候会导致我们做出让自己后悔莫及的反应。在我们的意识有时间决定做出更有情商的反应之前，我们就已经在情绪上做出了反应。了解我们的先天风格可以让我们更了解自己的情绪，进而能够更好地管理自己的情绪。对于每一种风格来说，某些特定状况或互动可能触发下意识的情绪反应。

表 4-8 列出了领航者的典型负面情绪诱因。您可以借助表 4-9 查看一下您负面情绪的诱因。

表 4-8

回应者 指令式交流 过程导向 	别人太专横或具有侵入性 有人不负责任 收到一堆毫无头绪的信息 节奏太快，没时间思考 计划的改变 有人不遵守行动方案 不清楚会发生什么事情

表 4-9

查看一下您的负面情绪诱因,再思考一下您的行为。
您在哪些情况下会产生负面情绪?
别人的什么言行可能会引发您的负面情绪反应?
您如何回应?
您还会以哪些方式进行回应?
如果再发生这种状况,哪种回应会更有效?

有时候,想清除引发情绪反应的诱因没有那么便捷,因为这种反应都是下意识的。

> 安妮-玛丽发现当自己不得不跟某个同事互动时会产生负面情绪。这种互动绝大多数情况下都是一种应激反应,这位同事会要求她的团队立刻做出反应并提供相关资源。她的反应往往是坚持原计划,而这会使情况升级为冲突。
>
> 根据她对我描述的对方的行为,我们估计这位同事具有倡导者风格,并从他的视角讨论了他们的反应。他的优点可能在于快速处理问题,如果看上去大家什么都没做他就会觉得有压力。他或许觉得安妮具有领航者风格、极力避免交流、对他的问题不会立即做出回应、希望按部就班,他对此感到很沮丧。此外,由于双方都具有指令式偏好,他们可能都倾向于直接告知对方要做些什么而不会探讨其他选项。
>
> 以这种方式考虑他的风格让她了解了这位同事的性格,从而制定了更有效地跟他相处的策略,如快速予以回应、向他简要陈述自己已经采取的行动等。她意识到,通过改变自己的行为,她能够改变他们之间的关系。

对冲突的回应

我们对于自己的核心动机和信念具有一种情感依附,当感觉别人无视这些动机或信念时,我们就会将其视为对我们自我价值的威胁。遇到这种情况时,我们就会有情绪,就会采取措施进行自我保护。对于各种风格的人来说,他们典型的第一反应就是更努力地推行自己的方法。我们往往会夸大自己在某次互动中的优势,只盯着自己的方法，而排斥他人的做法。

倡导者会更用力地捍卫自己的做法以求速成；领航者会坚持原来的行动方案；激励者会疯狂地请更多的人加入进来；合成者会拖延以搜集更多的信息。

不幸的是，这种对于自身优点的夸大会适得其反，因为别人会将其视为对自我价值的一种威胁，进而更努力地实现他们的愿望。他们也会以一种夸张的方式展现他们的优势，这致使冲突不可避免。情况很快变得针尖对麦芒，双方各自坚守立场，冲突升级。实现一种好的结果的可能性也随之减退。

领航者对冲突的第一反应是强调行动方案的重要性。不过，如果领航者在制订行动方案方面的优点被夸大，他人可能会认为其迂腐、倔强或死板。

在这种情况下，领航者的最佳策略是：

- 加快语速并使用更活泼的肢体语言（这可以使其与倡导者或激励者建立和谐关系）。
- 解释一下该计划或进程如何实现相关目标（这会满足结果导向的倡导者或合成者）。

如果冲突持续存在，人们会做出不同的反应——他们可能进行对抗、迁就、逃避、妥协或协作。领航者常常采用逃避策略，让自己脱离冲突，从而避免进一步的互动。[1]这可能会让情况暂时得以降温以待更具建设性的处理，或者可能会让情况陷入僵局以留待处理。

请记住，您是可以选择如何跟他人进行互动的，您可以采取一种不同的风格或能量模式。

> 就安妮-玛丽遇到的状况（见上文）而言，以前她倾向于避开跟同事的冲突。她会先退出与对方的对峙，等自己想出如何解决问题再处理。由于对方是倡导者风格，或许会对此感到极其沮丧。通过学习，她改变了自己的逃避冲突策略，换成给对方一个更果断、更积极的回应。她承认对方的迫切诉求并学会了就自己打算如何处理该问题给他进行通告，尽管她并未完全想清楚。她还设法跟他搞好关系，让他们有一个更积极的互动基础。

表 4-10

想想您最近经历的一次冲突。您进行了怎样的反应？您进行了逃避、迁就、争执、妥协还是协作呢？
这种策略有效吗？更有效地管理该冲突的策略是什么？

有关处理冲突的常规方法，请参看第八章。

应激情景

不论我们具有怎样的风格，对于绝大部分人来说，生活中的很多情景都会让我们很有压力。有一些压力源适用于所有风格，当我们的核心动机在互动中无法得以实现时，我们就会感到压力。了解这些压力源，我们才能更好地管理这些压力源。

对于领航者来说，典型的压力源并不是得知可能会发生什么或看不到向着目标前进的行动。觉得有压力时，他们可能会退避三舍或拒绝交流。

关于这一问题，他们可以尝试在发布指令时采取其他说明状况的方式、专注于自己能影响或控制的东西，并努力就自己需要别人做什么进行交流。

> 丹尼尔（Daniel）的妻子患有重病，因此他需要早点下班回家帮忙。他按照行动方案做事，试图尽到所有的工作职责、承担各种任务以及为家人提供支持。此前他并不知道这会怎样，结果他感到压力很大。他没有跟经理讲家里的问题，相反，他选择不进行交流，同事们谁也不知道他需要帮助。
>
> 这是领航者的一个典型的应激反应。我们对丹尼尔进行了一次辅导，帮助他规划如何把自己的家事跟他的经理、同事和团队成员进行交流以及交流的内容。他按照计划行事，并得到了自己需要的支持。

表 4-11

什么情况会让您有压力，您会如何加以缓解？

有关如何处理跟各种风格的人之间的冲突的策略，请参看本书第二部分的第九章至第十二章。有关如何管理压力以及打造韧性的技巧，请参看本书第三部分的第十七章。

第五章
倡导者

冒险前行、采取行动或做出决定是有价值的。

——琳达·贝伦斯

本章专门阐述倡导者风格。请注意，此处的"倡导者"为"具有倡导者风格的人"的简称，见表5–1。

表 5–1

主动者 指令式交流 结果导向 	具有倡导者风格的人崇尚有结果的行动： ・他们往往动作麻利、语速快，看上去直来直去，意志坚定 ・他们能动员各种资源（包括人）来获得可实现的结果 ・他们做决策迅速而且充满自信 ・做出决定、指示，进行动员和执行，对他们来说往往是很自然的事情 ・他们带领集体直奔目标，而且会帮助集体把事情完成 ・如果别人不像自己那样急切或者一事无成，他们可能会感觉失控、苦恼不已

探索您自己的风格

外部表现

一般来说，当我们跟他人交流时，除非是重大场合，我们不会考虑自己会留下什么印象——语速快或慢、面部表情或自己的一举一动。不过,每种风格都有一些关键特点。表 5-2 中列出了在与他人交流中领航者可能会传递给对方的某些行为。

表 5-2

	倡导者考虑的是:"咱们现在就把这事儿完成!"
声音	开门见山的语气 快节奏 暂停就像很漫长的一段时间 见不得沉默
身体	步子很重 放东西时很用力 快速、直接走向目的地 拳头挥来挥去
谈论	要实现的结果及采取的行动 因果
方式	直来直去
能量	执着
看起来	麻利、自信、果决

改编自琳达·贝伦斯、苏珊·纳什及安迪·科尔的相关资料。

这种外在行为会向正在与您交流的人传递很多信息,因此花点儿时间思考一下您可能正在传递怎样的信息是有价值的。举例来说,如果您显得自信而果决,信息的接收者可能会产生不同的解读——他们或许认为您一手遮天、目中无人、管得太多或进行其他各种可能的解读和推测。这是您希望传递的信息吗?

如果不是，您本来希望通过您的外在行为传递怎样的信息呢？在某些情况下，您或许想给别人留下一种不一样的印象。例如，您想通过自己的肢体语言、语速或语气表明您真的在听别人说话（合成者风格）或者您希望考虑清楚如何克服障碍（领航者风格）。

> 嘉莉（Carrie）正在机场候机。此时，一个男人径直走向她，问她打算到哪里度假。巧的是，他们的假期安排完全相同，因此他做了自我介绍后建议领行李的时候彼此照应一下。然后，他没再说什么就走开了。此时，他体现出了倡导者风格——开门见山、直接、给出指示、专注于组织人力和物力以获得某种结果。他已经实现了自己的想法，直到他们在机场另一端再次相遇，他才意识到之前应该多跟对方接触一下。嘉莉具有开放的、容易接近的合成者风格，如果双方当时能多谈一会儿，她会更开心一些。

表 5-3

您的举止可能传递怎样的信息呢？

内在动机

跟他人一起做出决定、实现相关结果时，每种风格都有特定的目的、动力、信念和决策方式。倡导者风格的情况请参看表 5-4。

表 5-4

倡导者崇尚带有结果的行动	
目的	获得可实现的结果
动力	完成行动的急切需求
核心信念	冒险前行、采取行动或做出决定是有价值的
决定	干净利落
优先事项	动员各种资源以实现可实现的结果
可能的天赋	决定、指示，动员和执行
希望	带领集体直奔目标，帮助集体把事情完成
压力源	一事无成 感觉失控

改编自琳达·贝伦斯及苏珊·纳什的相关资料。

在跟他人进行互动的时候，了解自己的内在动机有助于您管理随之而来的行为，使您更有机会实现自己的目的。

嘉莉度假时遇到了黛西（Daisy），于是她们一起去购物。在去商店的路上，她们能够选择不同的路线——黛西（倡导者风格）说应该走距离最短的路线。如果完全自己决定的话，嘉莉（合成者风格）本来会选最有意思的路线。

嘉莉想买防晒霜。到了商店，两个人都看了货架上的东西。黛西发现了一款合适的产品，拿了下来，然后塞到了嘉莉的手里，说："这个，这就是你需要的防晒霜。"正常情况下，嘉莉从架子上拿东西之前会先检查该产品，权衡上面的信息，跟其他产品进行比较。不过，她感到黛西很着急把这事儿做完，于是她放弃了自己平时的做法，没说什么就买了那款产品。

表 5-5

在什么情况下您会表现出这种内在动机和信念?

倡导者的优势和挑战

跟他人互动时,每种风格都会带来特定的优势和挑战。以下优势和挑战来自研讨会上的讨论,具有倡导者风格的人往往认为自己具有这些优势和面临这些挑战。

优势:

- 行动与能量——事情得以完成。
- 高能量——向前推动而非向后拉。
- 目标导向,实现结果。
- 按时兑现,快节奏。
- 提供架构、澄清和指示。
- 克服障碍。

挑战:

- 放慢节奏、反省以及考虑其他选项。
- 允许他人发声并倾听他人的意见。
- 由于没给过程和人际关系留出时间而犯错。
- 让他人买自己的账,承担责任。
- 没那么快出结果时管理自己的挫折感。

表 5-6

您觉得自己的优势和面临的挑战是什么？

影响与意图

内在动机透露了倡导者跟他人互动时的可能意图——他们希望人们尽快取得成绩、完成任务。这显然都是积极的、出于善意的目标。不过，他们的行为对别人的实际影响可能与他们的本意大相径庭。关于这一点，可以从以下两个视角来理解：

- 身体能量跟语言风格可能不太匹配，可能跟具有其他风格的人未能建立和谐的关系。
- 具有其他风格的人的内在动机有所不同，因此，关于什么事情是重要的、值得花时间的优先事项，他们的看法也会有所不同。

关于这两种动机，可参看表 5-7。

打造高情商——自我意识

自我意识以及了解如何管理自己的行为是高情商的一个主要组成部分。

表 5-7

如果您具有倡导者风格……	
您给人留下的印象可能是……	因此,跟他人共事时您可以……
过于直接 苛刻 缺乏耐心 不了解他人的感受 不喜欢其他可能的结果 通过控制资源排挤他人 不倾听团队的看法	承认自己感到沮丧 利用深呼吸等放松技巧 退后一步,给他人思考的时间 放慢脚步,让别人说话 有意识地倾听他人 避免批评他人及他人的看法 安排缓冲的时间,考虑后再行动 承认他人的感受 提供信息而非指示——不要什么事情都自己说了算
您可能的内在动机	因此,跟他人共事时您可以……
实现可实现的结果 做出快速、便捷的决定 靠大家完成相关事宜	花时间确保获得他人的认可 倾听反对意见等看法 延迟立即行动——改掉"急不可耐"的习惯 退后一步,重新确定优先事项 审视工作和生活的平衡
他人可能的内在动机	因此,跟他们共事时您可以……
获得最佳结果,协商后做出决定(合成者) 获得人人欢迎的结果,合作做出决定(激励者) 获得希望的结果,深思熟虑(领航者)	承认他们的需求 表明您重视他们的贡献,给别人需要的时间 表明您希望让他人参与,自己也会参与

克莱尔（Clare）天生具有倡导者风格，她希望在不过度发挥这一风格的前提下能对同事产生更大的影响力。她意识到自己需要找时间跟大家谈谈，以更好地了解他们。她决定试试其他风格的一些策略，尤其是激励者的一些策略。她有意识地注意让他人参与进来而不再着急地完成任务。对他人风格的意识以及对另外一种风格的选择，对于她实现自己的工作目标所需要的人际关系构建非常有用。

负面情绪的诱因

高情商的一个关键点在于能意识到自己的情绪并对其加以管理。不过，想知道自己大脑中的想法并不容易。我们的下意识驱动着我们的行为，而我们用自己的意识向自己解释。我们的意识试图理解我们的活动、想法和感受，但往往仅限于猜测或后知后觉。

当我们感觉受到威胁时，我们的下意识的反应要比我们的意识更快，有时候会导致我们做出让自己后悔莫及的反应。在我们的意识有时间决定做出更有情商的反应之前，我们就已经在情绪上做出了反应。了解我们的先天风格可以让我们更了解自己的情绪，进而能够更好地管理自己的情绪。对于每一种风格来说，某些特定状况或互动可能触发下意识的情绪反应。

表5-8列出了倡导者的典型负面情绪诱因。您可以借助表5-9查看一下您的负面情绪诱因。

表 5-8

 主动者 指令式交流 结果导向	人们矜持或有所隐瞒 人们不负责任 收到毫无头绪的信息 慢节奏让人沮丧 人们犹豫不决 一事无成 反复讨论或重新考虑已有决定

表 5-9

查看一下您的负面情绪诱因，再思考一下您的行为。
您在什么情况下出现过这种负面情绪？
他人的什么言行可能触发了您的此类反应？
您进行了怎样的回应？
您还能以什么方式进行回应？
出现这种状况时，怎样才能最有效地加以回应？

有时候，想清除引发情绪反应的诱因没有那么便捷，因为这种反应都是下意识的。

格里（Gerry）几乎是倡导者风格的缩影——高能量、积极、闲不下来或者希望别人能做成什么事情。以前他往往认为，有人能量水平不如自己，原因在于他们缺乏动力或能力。他对团队当中的一员感到十分担忧。他觉得马克（Mark）很矜持，看起来有些融入不了团队。我们猜马克具有合成者风格。这为格里如何看待马克提供了一个全新的视角——格里认为马克的能量是内在取向性的，他喜欢悄悄地询问他人，以很低调的方式搜集信息，然后才会提出有根有据的建议。此时，格里开始认识到了同事的优点。接下来，我们探讨了格里可以如何调整自己的风格以配合马克的合成者风格，从而使马克有机会做出贡献。格里认为自己需要"做好自控"，多提问、多倾听他人的回应，允许人们在对话时暂停而不是不断地插话。这些行动让马克能够表达此前从未展示的想法和见解。这些行动很简单，但对于团队的效率和人与人之间的关系具有重大影响。

对冲突的回应

我们对于自己的核心动机和信念具有一种情感依附，当感觉别人无视这些动机或信念时，我们就会将其视为对我们自我价值的威胁。遇到这种情况时，我们就会有情绪，就会采取措施进行自我保护。对于各种风格的人来说，他们典型的第一反应就是更努力地推行自己的方法。我们往往会夸大自己在某次互动中的优势，只盯着自己的方法，而排斥他人的做法。

倡导者会更用力地捍卫自己的做法以求速成；领航者会坚持原来的行动方案；激励者会疯狂地请更多的人加入进来；合成者会拖延以搜集更多的信息。

不幸的是，这种对于自身优点的夸大会适得其反，因为别人会将其视为对自我价值的一种威胁，进而更努力地实现他们的愿望。他们也会以一种夸张的方式展现他们的优势，这致使冲突不可避免。情况很快变得针尖对麦芒，双方各自坚守立场，冲突升级。实现一种好的结果的可能性也随之减退。

倡导者对冲突的第一反应是强调采取行动实现某种结果的重要性。不过，如果倡导者在推动行动方面的优点过于夸张，别人可能认为他们粗鲁、轻率、咄咄逼人。

在这种情况下，倡导者的最佳策略是：

- 减慢语速，请他人提供信息（这会使他们跟领航者和合成者建立和谐的关系）。
- 解释该计划或进程怎样实现相关目标（这与领航者和激励者的过程导向相符，而且也能与合成者和激励者的启发式偏好建立联结）。

如果冲突持续存在，人们会做出不同的反应——他们可能进行对抗、迁就、逃避、妥协或协作。[1] 倡导者往往采用对抗策略——表明并争取实现自己的诉求。这种策略可能显得咄咄逼人，导致冲突增多以及一种零和结果。

请记住,您是可以选择如何跟他人进行互动的,您可以采取一种不同的风格或能量模式。

在工作中,具有倡导者风格的人可能通过奋力向前以完成任务的方式来做出自己的贡献。不过,他人可能会觉得他们的方式非常仓促,他们可能不会倾听或获得同事的认同。

有一次我在无意之中把四个倡导者安排在一个工作室共同完成某项任务——他们为了应该采用什么方法吵个不停,而且还大声地吼来吼去。尽管如此,他们还是完成了任务,也许是因为他们每个人都想实现某种结果(任何结果)的欲望胜过了他们对自己的解决方法的依恋程度。

如果他们那个团队中还有一个具有其他风格的人,他可能会感到很难在这些具有倡导者风格的人创造的竞争氛围中开展工作。

表 5-10

回想您最近经历的一次冲突。您进行了怎样的反应?您进行了逃避、迁就、争执、妥协还是协作呢?
这种策略有效吗?更有效地管理该冲突的策略是什么?

有关处理冲突的常规方法,请参看第八章。

应激情景

不论我们具有怎样的风格，对于绝大部分人来说，生活中的很多情景都会让我们很有压力。有一些压力源适用于所有风格，当我们的核心动机在互动中无法得以实现时，我们就会感到压力。了解这些压力源，我们才能更好地管理这些压力源。

对于倡导者来说，典型的压力源包括一事无成和感觉失控。觉得有压力时，他们可能会变得非常苛刻或愤怒，指责他人、心不在焉甚至直接走开。

要解决这一问题，他们可以延迟立即行动——改掉"急不可耐"的习惯，退后一步，重新安排优先事项或单独抽出时间来。

> 默罕默德（Mohammed）觉得开会让自己花了很多时间，而且会议上讨论的总是那些老话题，最后也达不成明确的结论。他说自己觉得非常沮丧，开这种会时感觉很压抑。他具有倡导者风格，他知道自己的舒适区在于快速做出决定，把事情完成。人们一遍遍地讨论老的话题让他感到不适，他出现了很多负面情绪，如不耐烦、冷嘲热讽或退避三舍等，反过来这些情绪又会对他的同事产生负面影响。
>
> 我们讨论了他的同事们的可能风格、其行为背后的可能驱动因素以及这些东西对于团队和组织可能有些什么好处。他设身处地地转换了自己的视角，最终他意识到"问题出在我身上，不怪他们"。他找到了一些管理自己挫折感的方法，从而让同事们能够做出自己的贡献。

表 5-11

什么情况会让您有压力，您会如何加以缓解？

有关如何处理跟各种风格的人之间的冲突的策略，请参看本书第二部分的第九章至第十二章。有关如何管理压力以及打造韧性的技巧，请参看本书第三部分的第十七章。

第六章
激励者

努力让所有人参与进来、都愿意参与是有价值的。

——琳达·贝伦斯

第六章 激励者

本章专门阐述激励者风格。请注意，此处的"激励者"为"具有激励者风格的人"的简称，见表 6-1。

表 6-1

 主动者 启发式交流 过程导向	具有激励者风格的人崇尚参与： · 他们往往语速快、行动也快而且很健谈，显得充满热情而且很投入 · 他们让别人参与进来，以便获得一个人人欢迎的结果 · 他们通过协作做出决定，以确保得到别人的认同 · 说服、激励、推动以及集思广益，对他们来说往往是很自然的事情 · 他们会推动集体的进程并帮助集体加大投入 · 当他们或其他人未能参与其中或感觉不被接受时，他们会有压力

探索您自己的风格

外部表现

一般来说，当我们跟他人沟通时，除非是重大场合，我们不会考虑自己会留下什么印象——语速快或慢、面部表情或自己的一举一动。不过，每种风格都有一些关键特点。表 6-2 中列出了在与他人沟通中激励者可能会做出的某些行为。

表 6-2

激励者考虑的是："咱们开始一起做吧！"	
声音	热情欢快的语气 快节奏 暂停就像很漫长的一段时间 见不得沉默
身体	步子很重 放东西时很用力 波浪线式走向目的地，沿途吸收相关人和信息 猛地挥动手臂、扭动身体
谈论	人们处于什么状况、参与者是谁 共识之处
方式	有说服力、充满热情
能量	参与
看起来	善于表达、积极向上、随和

改编自琳达·贝伦斯、苏珊·纳什及安迪·科尔的相关资料。

这种外在行为会向正在与您沟通的人传递很多信息，因此花点儿时间思考一下自己正在传递怎样的信息是有价值的。举例来说，如果您显得"喜欢表达自己的想法或情绪"——该信息的接收者可能会对此做出各种不同的解读——他们也许会很欢迎这种开放的态度，也许会觉得难以忍受，也许会做出其他的解读或推论。在某些情况下,您或许可以创造一种不同的印象。例如,您可以通过您的肢体语言、语速或语气表明您专注于快速实现某种结果(倡导者风格)或您正在认真倾听、正在考虑其他观点(合成者风格)。

> 有一次玛丽安(Marion)跟一群以前从未谋面的人一起去度假。她每次遇到陌生人的时候都会很快跟对方聊起来,而且有很多话可聊,让人觉得她非常健谈而且善于沟通。假期期间,她常常会参加很多社交活动,当谈起家庭生活时,她会说:"我喜欢把互相不认识的人召集起来。"以前别人对她的反馈让她知道自己可能话太多,因此跟人谈话时她会有意识地停下来好让别人参与进来。

表6-3

您的举止可能传递怎样的信息?

内在动机

跟他人一起做出决定、实现相关结果时,每种风格都有特定的目的、动力、信念和决策方式。激励者风格的情况请参看表6-4。

表 6-4

激励者崇尚参与	
目的	获得人人欢迎的结果
动力	让他人参与的急切需求
核心信念	努力让所有人参与进来、都愿意参与是有价值的
决定	协作、投入
优先事项	让别人参与以实现人人欢迎的结果
可能的天赋	说服、激励、推动以及集思广益
希望	推动集体的进程，并帮助集体加大投入
压力源	未能参与其中

改编自琳达·贝伦斯及苏珊·纳什的相关材料。

在跟他人进行互动的时候，了解自己的内在动机有助于您管理随之而来的行为，使您更有机会实现自己的目的。

> 汤姆（Tom）是一家汽车销售店的经理，对他来说，最重要的事情就是让手下的人投入工作。他非常享受跟他人的沟通，期间他的那种能量和动机一览无遗。他会定期召开全域面对面通报会、让职员参与慈善活动、召开定期团队会议、跟管理其他销售点的同事联络、发私信跟大家保持联系，还会通过社交媒体跟职员和客户进行沟通。做类似的业务时，他花在跟他人打交道上的时间要比同事们多。大部分时候他觉得自己的努力是值得的，尽管当别人回应不够热情时他偶尔也会感到失望。

表6-5

在什么情况下您会表现出这种内在动机和信念？

激励者的优势和挑战

跟他人互动时，每种风格都会带来特定的优势和挑战。以下优势和挑战来自研讨会上的讨论，具有激励者风格的人往往认为自己具有这些优势和面临这些挑战。

优势：

- 能量与热情。
- 积极——能看到各种选择而且对结果非常乐观。
- 能发现一切可能性。
- 能跟所有人打交道并帮他人参与进来。
- 分享主意和想法。
- 动员整个团队投入到行动之中。

挑战：

- 让他人完整地表达自己的观点（别人讲时不参与）。
- 得出简要的结论，知道何时停止。
- 拥有明确的计划和方向感。
- 专注于目标的实现。
- 别人没热情也不气馁。

表 6-6

您觉得自己的优势和面临的挑战是什么?

影响与意图

当我们跟他人互动时,有时候会给他们带来意料之外的影响。往往我们的意图很友好,但我们的表达方式带来了一种负面的影响——由于我们接触别人的方式,我们的正面意图未能得以传达。

这些内在动机表明了激励者跟他人互动时的可能意图。他们希望让别人参与进来,让每个人都致力于目标的实现。显然,这些都是正面的、出于善意的目的。然而,他们的行为产生的实际影响可能跟他们起初的意图并不一样。关于这一点,我们可以从以下两个视角加以理解:

- 身体能量跟语言风格可能不太匹配,可能跟具有其他风格的人未能建立和谐的关系。
- 具有其他风格的人的内在动机有所不同,因此,关于什么事情是重要的、值得花时间的优先事项,他们的看法也会有所不同。

关于这两种动机,可参看表 6-7。

表6-7

如果您具有激励者风格……	
您给人留下的印象可能是……	因此，跟他人共事时您可以……
过度乐观 容易气馁 话太多了 不在意细节或搭建框架和规划的需求 希望让他人参与、激发他人热情达到近乎狂热的地步 提出的主意太多	给自己的热情降温以取信于人 找个参谋，把事情都说出来 放慢节奏，把事情考虑清楚 主动让他人发言并倾听 盯着积极参与的几个关键个人 现实一点儿，认清并非所有人都很投入 要知道人们可能正在考虑很多选项，但这并不意味着他们没兴趣或不投入 给出方向而非信息——明确自己想要什么 找人给自己支持和引导 有意识地限制发言
您可能的内在动机	因此，跟他人共事时您可以……
获得人人欢迎的结果 做出协作性的决定 说服他人，让他人参与进来	提醒自己不必参与 把您的能量都用在能够推动进步的地方 换换您消极的反应——换种视角 承认有时候人们无须达成共识 利用积极思维等技巧重建自信
他人可能的内在动机	因此，跟他们共事时您可以……
获得最佳结果（合成者） 获得可实现的结果（倡导者） 获得希望实现的结果（领航者）	承认他们的需求 表明您重视他们的贡献并给他们时间 表明您承认完成相关工作的紧迫性 表明您有实现该目标的行动方案和进程

打造高情商——自我意识

自我意识以及了解如何管理自己的行为是高情商的一个主要组成部分。

> 凯西（Casie）是一家呼叫中心的经理，她具有激励者风格。她在自己的团队中创造了一种活泼有趣的氛围，她非常尊重自己的团队成员，也非常关心她们的福祉。整个团队都很喜欢她，她也喜欢组织各种社交活动等，让每个工作日都顺顺利利。她在跟他人打交道上花了太多精力，以至于没空监督工作能否完成。她的团队有时候并不太清楚哪些工作最重要，因为没人对相关任务加以跟进。对她来说，这是一个盲点。为了让自己的角色充分发挥效力，她必须针对这一点想想办法。

负面情绪的诱因

高情商的一个关键点在于能意识到自己的情绪并对其加以管理。不过，想知道自己大脑中的想法并不容易。我们的下意识驱动着我们的行为，而我们用自己的意识向自己解释。我们的意识试图理解我们的活动、想法和感受，但往往仅限于猜测或后知后觉。

当我们感觉受到威胁时，我们的下意识的反应要比我们的意识更快，有时候会导致我们做出让自己后悔莫及的反应。在我们的意识有时间决定做出更有情商的反应之前，我们就已经在情绪上做出了反应。了解我们的先天风格可以让我们更了解自己的情绪，进而能够更好地管理自己的情绪。对于每一种风格来说,某些特定状况或互动可能触发下意识的情绪反应。

表 6-8 列出了激励者的典型负面情绪诱因。您可以借助表 6-9 查看一下您的负面情绪诱因。

表 6-8

主动者 启发式交流 过程导向	别人内敛或有所保留 别人不听自己的意见 被告知该做什么,但没有加以解释 慢节奏导致挫折感 别人颐指气使 别人没热情 感觉不到参与感或感觉被排斥

表 6-9

查看一下您的负面情绪诱因,再思考一下您的行为。
您在哪些情况下会产生这种负面情绪?
别人的什么言行可能会引发您的此类反应?
您如何进行回应?

(续)

您还能以什么方式进行回应？
如果再发生这种状况，哪种回应会更有效？

有时候，想清除引发情绪反应的诱因没有那么便捷，因为这种反应都是下意识的。

> 萨沙（Sasha）（激励者）跟她的丈夫马特（Matt）（领航者）计划把家里装修一下。对此，萨沙感到很兴奋，很期待一起制订一下装修计划，但马特想自己制订装修计划。萨沙觉得自己受到了排斥，但马特希望在不受干扰的情况下制订出一个完整的计划。了解到了彼此不同的风格，他们讨论了各自的感受，并想出了一个适用于两个人的解决方案。

对冲突的回应

我们对于自己的核心动机和信念具有一种情感依附，当感觉别人无视这些动机或信念时，我们就会将其视为对我们自我价值的威胁。遇到这种情况时，我们就会有情绪，就会采取措施进行自我保护。对于各种风格的人来说，他们典型的第一反应就是更努力地推行自己的方法。我们往往会夸大自己在某次互动中的优势，只盯着自己的方法，而排斥他人的做法。

倡导者会更用力地捍卫自己的做法以求速成；领航者会坚持原来的行动方案；激励者会疯狂地请更多的人加入进来；合成者会拖延以搜集更多的信息。

不幸的是，这种对于自身优势的夸大会适得其反，因为别人会将其视为对自我价值的一种威胁，进而更努力地实现他们的愿望。他们也会以一种夸张的方式展现他们的优势，这致使冲突不可避免。情况很快变得针尖对麦芒，双方各自坚守立场，冲突升级。实现一种好的结果的可能性也随之减退。

激励者对于冲突的第一反应是安抚。然而，如果激励者在鼓动、激励他人方面的优势被过于夸大，可能会让人觉得狂热、烦扰或不分黑白。

在这种情况下，激励者的最佳策略是：

- 降低语速（跟领航者或合成者建立和谐的关系）。
- 表明目标，说明为了实现该目标需要哪些人参与进来（迎合倡导者和合成者的结果导向），并明确前行的进程（满足领航者的需求）。

如果冲突持续存在，人们会做出不同的反应——他们可能进行对抗、迁就、逃避、妥协或协作[1]。激励者往往采用"妥协"策略——他们也许会放弃自己想要的某些东西以求达成一致或维系和谐。这可能会有助于前行，但也可能会延迟解决进程。

请记住，您是可以选择如何跟他人进行互动的，您可以采取一种不同的风格或能量模式。

> 丽莉（Lily）是一家公共事业公司的高级经理，在工作中她往往能提出很多新点子，并非常热情地跟同事解释这些新点子。如果有人质疑她的思维或提出批评，她往往会加以反击，加快语速、提高嗓门甚至加上更多的信息。如果没什么用，她最终会选择退回，但心里会感到既失望又愤恨。经过辅导，她采用了一种不同的方式，先倾听别人的担忧，然后再平稳地做出回应。她发现这样做能够带来一种协作的氛围，而她的主张（有时稍加调整）也更容易被采纳。

表6-10

回想您最近经历的一次冲突。您进行了怎样的反应？您进行了逃避、迁就、争执、妥协还是协作呢？
这种策略有效吗？更有效地管理该冲突的策略是什么？

有关处理冲突的常规方法，请参看第八章。

应激情景

不论我们具有怎样的风格，对于绝大部分人来说，生活中的很多情景都会让我们很有压力。有一些压力源适用于所有风格，当我们的核心动机在互动中无法得以实现时，我们就会感到压力。了解这些压力源，我们才能更好地管理这些压力源。

对于激励者来说，典型的压力源包括感觉不讨人喜欢、不被欣赏、无法参与以及有人不投入或不感兴趣。感到压力大的时候，他们可能会感到恐慌，提高嗓门，更卖力地表现，或者完全退出。

为此，他们可以提醒自己不必参与其中，把精力都放在有助于推动工作进展的地方。

> 杰斯敏（Jasmine）很喜欢跟他人一起共事，很喜欢那种所有人一起前行的感觉。她什么事情都想参与，有时候这意味着她会面临太大压力或最终令人失望。为了让自己的工作始终可以管理，她不得不学会拒绝他人，即使有时候未能参与其中也能心安理得。

表6-11

什么情况会让您有压力，您会如何加以缓解？

有关如何处理跟各种风格的人之间的冲突的策略，请参看本书第二部分的第九章至第十二章。有关如何管理压力以及打造韧性的技巧，请参看本书第三部分的第十七章。

第七章
合成者

花时间整合、折中大量相关信息是有价值的。

——琳达·贝伦斯

第七章 合成者

本章专门阐述合成者风格。请注意，此处的"合成者"为"具有合成者风格的人"的简称，见表7-1。

表 7-1

 回应者 启发式交流 结果导向	具有合成者风格的人崇尚最佳结果： · 他们的言行往往不摆架子，看上去有耐心而且平易近人 · 他们搜集信息和意见以便获得最佳结果 · 他们与人协商，整合很多来源的信息和观点后再做出决定 · 定义、说明、支持和整合，对他们来说往往是很自然的事情 · 他们支持集体的进程，并帮助集体避免犯错 · 如果时间不够、自己的努力不被认可或者被催着赶快做出决定，他们可能会感到苦恼不已

探索您自己的风格

外部表现

一般来说，当我们跟他人交流时，除非是重大场合，我们不会考虑自己会留下什么印象——语速快或慢、面部表情或自己的一举一动。不过，每种风格都有一些关键特点。表7-2中列出了在与他人交流中合成者可能会做出的某些行为。

表7-2

合成者考虑的是："我们需要怎样的结果？"	
声音	柔和耐心的语气 体贴的节奏 暂停以进行思考 沉默是很自然的事情
身体	步子很轻 放东西时动作很轻 波浪线式走向目的地，沿途吸收相关的人和信息 姿态轻盈、轻拍
谈论	需要的结果和信息 共识之处
方式	不装腔作势、谦逊
能量	亲切
看起来	安静、从容、友好、耐心

改编自琳达·贝伦斯、苏珊·纳什及安迪·科尔的相关资料。

这种外在行为会向正在与您交流的人传递很多信息，因此花点儿时间思考一下自己可能正在传递怎样的信息是有价值的。举例来说，您显得安静而从容，但信息的接收者可能会对其产生不同的解读。他们或许会认为您很体贴、平易近人，或许会觉得您没什么可说的，或许会做出其他的解读和推论。

这是您希望传递的信息吗？如果不是，您本来希望通过您的外部行为传递怎样的信息呢？在某些情况下，您或许想给别人留下一种不一样的印象。例如，您想通过自己的肢体语言、语速或语气表明您正在为了获得某种结果而迫切地工作（倡导者风格），或者您希望鼓动和激励别人（激励者风格）。

> 詹妮（Jenny）的举止让人觉得她犹豫不决。她发现在跟他人讨论时很难表达自己的观点。她学会了如何利用自己的肢体语言，如移动一下身体、身体前倾、吸一口气、挥手——就像在饭店想引起服务员注意那样，示意自己有话要说。
>
> 她还学习了如何更简练、更坚决地表达观点，提前计划和总结自己想说的话，发言时提高声音而降低语调。她还使用了"我认为……，我想……，我的观点是……"等表明自己很有主见的短语。这些小小的改变帮助她大大提升了自己的影响力。

表7-3

您的举止可能传递怎样的信息呢？

内在动机

跟他人一起做出决定、实现相关结果时，每种风格都有特定的目的、动力、信念和决策方式。合成者风格的情况请参看表7-4。

表7-4

合成者崇尚最佳结果	
目的	获得最佳结果
动力	整合信息的迫切需求
核心信念	花时间整合、折中大量相关信息是有价值的
决定	协商、整合
优先事项	搜集信息和意见以获得最佳结果
可能的天赋	定义、说明、支持和整合
希望	支持集体的进程，并帮助集体避免犯错
压力源	没有足够的信息、时间或信誉 还没准备好就被催着做决定

改编自琳达·贝伦斯及苏珊·纳什的相关材料。

在跟他人进行互动的时候，了解自己的内在动机有助于您管理随之而来的行为，使您更有机会实现自己的目的。同样，有意识地了解自己的需求未得到满足时的压力源，也有助于您以更具建设性的方式管理您的反应。

> 吉姆（Jim）是一位刚被任命的具有合成者风格的领导。他以人为本，深受团队的喜爱，工作成绩也非常出色。此前他获得了内部晋升，他清楚自己需要发展一些其他技能和行为才

能在更高的层面取得成功。对于这些风格的了解帮他认清了自己的关键优点、挑战以及行动的优先事项。他知道自己的平易近人可能会被认为缺乏权威,而他的协商风格可能会被视为优柔寡断,因此他有意识地调整了自己的行为,确保自己对待他人时做到坚定而公平,而且有什么关键决定都会告知他人。

表 7-5

在什么情况下您会表现出这种内在动机和信念?

合成者的优势和挑战

跟他人互动时,每种风格都会带来特定的优势和挑战。以下优势和挑战来自研讨会上的讨论,具有合成者风格的人往往认为自己具有这些优势和面临这些挑战。

优势:

- 专注于结果——实现最佳结果。
- 协商式风格,跟他人打交道。
- 耐心、倾听,能注意到房间里的人和气氛。
- 整合观点和信息。
- 完成难题、顾及大局、考虑到所有选项。
- 冷静、平易近人。

挑战：

- 让别人听到自己的声音，向别人传达自己的主张。
- 工作完成的迫切感。
- 完美主义——试图获得最佳结果而非一个足够好的结果。
- 可能显得优柔寡断或软弱。
- 所采用的方法可能会花费大量的时间。

表7-6

您觉得自己的优势和面临的挑战是什么？

影响与意图

当我们跟他人互动时，有时候会给他们带来意料之外的影响。往往我们的意图是友好的，但我们的表达方式带来了一种负面的影响——由于我们接触别人的方式，我们的正面意图未能得以传达。

内在动机透露了合成者跟他人互动时的可能意图——他们希望确保考虑到所有相关信息而且对所有选项加以探讨，目的是获得最佳结果而非一个"足够好"的结果。显然，这些都是正面的、出于善意的目的。不过，他们的行为对别人的实际影响可能与他们的本意大相径庭。关于这一点，我们可以从以下两个视角来理解：

- 身体能量跟语言风格可能不太匹配，可能跟具有其他风格的人未能建立和谐的关系。
- 具有其他风格的人的内在动机有所不同，因此，关于什么事情是重要的、值得花时间的优先事项，他们的看法也会有所不同。

关于这两种动机，可参看表 7-7。

打造高情商——自我意识

自我意识以及了解如何管理自己的行为是高情商的一个主要组成部分。

表 7-7

如果您具有合成者风格……	
您给人的印象可能是……	因此，跟别人共事时您可以……
不够坚定 太刨根究底 花费太多时间、跑题 缺少明确的方向 采取决策和行动太慢 由于顾及太多需求而屈从 让事情复杂化	请别人给自己整理想法的时间和空间 提前弄清楚会议的话题 要发言时使用更有表现力的肢体语言 更果断一些——自信地发言 进行总结，发言要具体、切题 想办法在人群中发声，在不受干扰的情况下让别人听到自己的声音 　把任务分成小块 　明确什么事情需要立即做出决定，什么方面要再积累一些数据 　给出方向而非信息——明确自己想要什么

（续）

您可能的内在动机	因此，跟别人共事时您可以……
获得最佳结果 协商后做出决定 搜集和提供信息以获得质量最高的结果	准备就目标进行妥协 就该协商过程有什么用处以及谁来决定跟别人达成一致 告诉别人他们的意见会如何体现在最终决定中 实现重大目标时奖励一下自己
他人可能的内在动机	因此，跟别人共事时您可以……
获得可实现的结果，快速做出决定（倡导者） 获得人人欢迎的结果，做出协同决策（激励者） 获得希望的结果，做出审议决策（领航者）	承认他们的需求 表明您承认完成工作的紧迫性 表明您希望别人参与进来，而且自己也会参与其中 表明您具有实现目标的行动方案和过程

合成者相信应该花时间整合所有信息以获得最佳结果——这一根深蒂固的信念可能会拖慢整个进程、让他人沮丧、导致采取行动太慢或根本没有行动。几年前，我所在的团队在一家大型信息技术公司开展一项领导力培养项目。我具有合成者风格，而我的一位同事具有倡导者风格。有一次开会时，我们两个人之间发生了很大的冲突。我希望能设计一个世界一流的领导力项目（获得最佳结果），而她希望确保我们能按时完成任务（实现可实现的结果）。她觉得要实现最佳结果

要耗费太多时间，而我们会错过最后期限；而我觉得她这种想法会让我们错过一次提供真正有价值成果的机会。最终，最后期限之前要做成什么事情的需求赢了——一个商业组织可以理解的结果。我确信，如果我们能理解各自的风格和动机，我们本来可以找到以更具建设性的方式管理我们的冲突的方式，而且可能为这个组织带来更好的结果。

负面情绪的诱因

高情商的一个关键点在于能意识到自己的情绪并对其加以管理。不过，想知道自己大脑中的想法并不容易。我们的下意识驱动着我们的行为，而我们用自己的意识为自己解释。我们的意识试图理解我们的活动、想法和感受，但往往仅限于猜测或后知后觉。

当我们感觉受到威胁时，我们的下意识的反应要比我们的意识更快，有时候会导致我们做出让自己后悔莫及的反应。在我们的意识有时间决定做出更有情商的反应之前，我们就已经在情绪上做出了反应。了解我们的先天风格可以让我们更了解自己的情绪，进而能够更好地管理自己的情绪。对于每一种风格来说，某些特定状况或互动可能触发下意识的情绪反应。

表7-8列出了合成者的典型负面情绪诱因。您可以借助表7-9查看一下您的负面情绪诱因。

表 7-8

回应者 启发式交流 结果导向	别人专横或烦扰 别人不倾听自己的意见 被告知要做什么但没有相关的解释 节奏太快，没有足够的思考时间 别人摆架子 没有足够的时间整合所有的信息 别人不认可自己的贡献 还没准备好时被迫做出决定

表 7-9

先回顾一下负面情绪的诱因，再思考一下您自己的行为。

您在什么情况下出现过这种负面情绪？

他人的什么言行可能触发了您的此类反应？

您进行了怎样的回应？

您还能以什么方式进行回应？

出现这种状况时，怎样才能最有效地进行回应？

有时候，想清除引发情绪反应的诱因没有那么便捷，因为这种反应都是下意识的。

简（Jane）写信给一家报纸的工作建议专栏，反映了自己遇到的一个典型的合成者问题：开会时自己的贡献被无视而别人提出的相同建议就会有人听，自己完成了工作但没人认可，而且她发现别人唇枪舌剑或互相打断时自己很难参与到讨论之中。这对她的信心和自尊带来了消极的影响。她没机会发声，即使说出来也不会受到肯定——合成者至关重要的动力来源。专栏作家和读者给她的建议包括降低音调、提高音量、把自己想说的话先写下来、平静而连贯地发言。他们还建议让她"立旗"，声明自己有很重要的事情要讲，而且要以"我有一个很棒的主意……你们愿意听听吗？"这种非常自信的短语来开场。

该案例说明，您无法改变他人的行为——您只能改变自己的行为，不过您的改变会得到不一样的回应。

对冲突的回应

我们对于自己的核心动机和信念具有一种情感依附，当感觉别人无视这些动机或信念时，我们就会将其视为对我们自我价值的威胁。遇到这种情况时，我们就会有情绪，就会采取措施进行自我保护。对于各种风格的人来说，他们典型的第一反应就是更努力地推行自己的方法。我们往往会夸大自己在某次互动中的优点，只盯着自己的方法，而排斥他人的做法。

倡导者会更用力地捍卫自己的做法以求速成；领航者会坚持原

来的行动方案；激励者会疯狂地请更多的人加入进来；合成者会拖延以搜集更多的信息。

不幸的是，这种对于自身优势的夸大会适得其反，因为别人会将其视为对自我价值的一种威胁，进而更努力地实现他们的愿望。他们也会以一种夸张的方式展现他们的优势，这致使冲突不可避免。情况很快变得针尖对麦芒，双方各自坚守立场，冲突升级。实现一种好的结果的可能性也随之减退。

合成者对冲突的第一反应是强调获得充分的相关信息的重要性。不过，如果合成者在搜集和整合信息方面的优势被过分夸大，别人可能会认为他们优柔寡断、唯唯诺诺或难以捉摸。

在这种情况下，合成者的最佳策略是：

- 加快语速（跟倡导者和激励者建立和谐的关系）。
- 对于采取该进程如何实现相关目标加以解释（满足倡导者的结果导向以及领航者的过程导向）。
- 对于如何促进大家的参与以及如何考量他们的观点加以解释（满足激励者的参与需求）。

如果冲突持续存在，人们会做出不同的反应——他们可能进行抗争、迁就、逃避、妥协或协作[1]。合成者常常采用迁就策略——他们会服从或屈服于他人的愿望。如果他们彻底忽略自己在意的东西，这可能会导致一种零和结果。

请记住，您是可以选择如何跟他人进行互动的，您可以采取一种不同的风格或能量模式。

有一次，马修（Matthew）去度假滑雪，假期结束时别人对他的滑雪水平进行了打分。他对分数感到不安，因为他觉得自己的表现不应该得那么低的分数。跟他在一组的另一个人滑的难度跟他一样但分数却比他高，这也让他觉得不快。那个人喜欢冲在前排显眼的地方，而马修往往会随大流，不引人注目。起初他只是生闷气，后来他悄悄地跟一两个朋友聊了聊，他们都很肯定马修的滑雪水平。马修决定跟打分的领导谈一谈这件事，最终他获得了自己希望的加分。

此前马修因为自己的能力不被认可而苦恼。他克服了合成者迁就的本能，鼓足勇气为自己的需求挺身而出——获得了积极的结果。

表 7-10

回想您最近经历的一次冲突。您进行了怎样的反应？您进行了逃避、迁就、争执、妥协还是协作呢？
这种策略有效吗？更有效地管理该冲突的策略是什么？

有关处理冲突的常规方法，请参看第八章。

应激情景

不论我们具有怎样的风格，对于绝大部分人来说，生活中的很多情景都会让我们很有压力。有一些压力源适用于所有风格，当我们的核心动机在互动中无法得以实现时，我们就会感到压力。了解这些压力源，我们才能更好地管理这些压力源。

对合成者来说，他们典型的压力源在于没有足够的信息、时间、认可或者还没准备好就被催着做出决定。感到压力很大的时候，他们可能会变得非常沉默，貌似同意对方的看法，避免公开冲突，而遇到真正重要的事情时可能会固执地坚持自己的立场。

为此，他们可以把任务分成小块以体现他们的进步、弄清楚什么时候需要做出决定以及什么时候可以等一等、大声地说出自己已经做过的事情，以及认识到有时候一个及时的足够好的结果要比一个为时已晚的最佳结果更好一些。

> 艾拉（Ella）想要一个新厨房，但因为可选的风格、供应商和安装工太多而不知所措。她需要很多时间研究所有选项并进行比较才能确保自己做出了最佳决定——这些事情做不完她始终都觉得没准备好，但同时她也知道自己没有太多闲暇时间去研究那些选项，因而又希望新厨房快速就绪。她感到很苦恼、很焦虑，甚至想放弃新厨房。她的朋友建议她把这项任务分成几个可操作的小块，根据自己的时间确定什么事情先做，一点点地解决这一问题。他们制订了一个可行的计划。三个月后，艾拉有了自己的新厨房。

表 7-11

什么情况会让您有压力,您会如何加以缓解?

有关如何处理跟各种风格的人之间的冲突的策略,请参看本书第二部分的第九章至第十二章。有关如何管理压力以及打造韧性的技巧,请参看本书第三部分的第十七章。

第二部分

如何识别他人的风格

第八章
他人意识

现实中真正的输出在于我们如何接触他人以及如何打造与他们的关系。

——马丁·纽曼[1]

第八章 他人意识

拥有自我意识以及管理自身情绪的能力构成了情商天平的一半,另一半是他人意识以及打造与他人关系的能力。本书的这一部分主要探讨后者。

我们推测别人的思维和感受都依据他们在我们眼中的外部行为,包括他们的一言一行、语气及面部表情。在本书第一章,我们看到,人们对他人的看法容易发生扭曲或错误,几乎无法了解他人头脑中的想法。即使我们很了解对方,也常常会犯错。

我们会对他人做出种种假设,其中一个最常见而且也是最根本的错误在于我们会假设每个人都"像我一样"。我们假设我们在特定情况下的所思所感也是别人的所思所感。我们假设别人跟我们具有同样的价值观、信念和动机。我们假设我们的动机跟他人行为的动机一模一样,因而,当他人对事情的看法跟我们不一样时我们常常会感到非常惊讶。"像我一样"是一个遴选面试中常见的问题。我们感觉更容易跟那些跟自己类似、具有相似背景和兴趣的人建立和谐关系——但这并不意味着他们是适合这份工作的最佳人选。我们对他人的推论会指引我们对他们的回应方式。我们的行为会向他们传递信息,而他们会做出相应的反应。

这可能是一个融洽与共情不断增加的良性循环,也可能是一个有成效行为越来越少的恶性循环。这一过程很快,而且往往不受我们意识的控制。然而,如果能停下来思考一下,我们就能够选择自己的回应。

了解这些风格有什么用

了解这些风格是一条理解某人当前状况并做出更恰当回应的捷径。我们已经看到,人们表现出来的身体能量与该行为的内在动机之间存在关联。因此,如果某些人行事匆匆、说话快、动作快、总做切手手势,这可能表明他们具有倡导者能量,有一种迫切地想取得成就的动力。在这种情况下,恰当的回应或许应该是也开始加快动作和语速,表明自己理解该情况的紧迫性。

同样,如果某些人看起来很较真、很严肃、动作不紧不慢、说话稳稳当当,这可能表明他们具有领航者能量,有一种预期的迫切需求。在这种情况下,恰当的回应或许应该是降低语速、倾听他们要说的内容并承认达成一致行动方案的需求。

如果某人讲话时热情四射、动作惹眼、忙着招呼别人并拉着别人参与其中,那么他们可能具有激励者能量,有一种让别人参与的迫切需求。在这种情况下,恰当的回应应该是热情地回应、点头示意以及顺着他们的想法做下去。

最后,如果某人看起来非常平静、保持开放姿态、用东西时轻拿轻放、轻声细语,那么他们可能具有合成者能量,有一种整合信息的迫切需求。恰当的回应应该是给他们时间、倾听、回答他们的问题并对各种选项保持开放的态度。

增强他人意识

我们始终都会留意他人的暗示，而且这样做往往纯属下意识的行为。更有意识地注意这一进程意味着我们更有可能准确地解读这些暗示并做出巧妙的回应，而不是进行无意识的自动回应。

通过练习我们可以提升领会他人行为意图的技巧，见表8-1。

表8-1

第三章的一个表格（附录部分表2）描述了每种风格的外部表现。复习一下，结合下列观察记录表，锤炼一下您领会他人风格的技巧。您可以先观察在电视上接受采访的人。

肢体或言语特征	例子/评论
声音 语气 节奏 停顿 沉默	
肢体 轻松或略微沉重 速度 直接或间接动作 姿势	
方式	
能量	
看上去	
可能风格	

与他人建立联结

当您跟某些人互动时,请注意他们的能量以及您的回应。您觉得自己跟他们同步还是脱节呢?如果您觉得彼此脱节,您或许需要调整自己的风格以便跟他们融洽相处。

请不要忘记您可以主动"选择"一种不同的能量。先带着一种中性能量开始一场互动,这样您就可以根据自己对对方的感觉来升挡或减挡。您可以通过加快语速或动作节奏转换成主动式风格,或者通过稍微放慢动作和节奏转换成回应式风格。这有助于您跟对方融洽相处。

另外一种跟他人联动的方式是换成他们的视角。通常来说,我们会从自己的视角(第一人)看待事物,不过我们可以换一种视角从对方的视角(第二人)来看待当时的情况。有时候,假装您从一位旁观者的视角(第三人)观察你们两人所处的情况也很有用。想象一下一位观察者从你们两人的动作或话语之中会看到、听到、想到或感觉到什么。采用第三人,即"暗中观察者"的视角对于处理冲突特别有用。

第九章至第十二章是关于跟每种风格联动的具体建议。

不同风格之间会出什么问题

在很多情况下,具有不同风格的人之间都可能会出问题。每种决策风格(领航者——深思熟虑,倡导者——快速,激励者——协作,合成者——协商)可能都会让另外三种风格感到苦恼。

- 领航者不了解状况时可能会感到苦恼（例如，倡导者看似毫无计划地冒进，合成者和激励者带来太多选项和主意）。他们不喜欢乱出主意而不做出决定的会议，也不喜欢那种被别人强势碾压、一句话也插不上的感觉。
- 没有实际行动可能会让倡导者感到苦恼（例如，合成者和激励者探讨各种选项或领航者需要时间考虑行动方案）。如果会议节奏慢而且耗时、有人离题、让人感觉失控或没有朝着目标前进，他们可能会感到备受挫折。
- 有人不参与或没热情可能会让激励者感到苦恼（例如，领航者准备退却，合成者和倡导者不愿意倾听）。开会时，如果他们不是决策者，不希望被人催促，不喜欢别人对自己的主意有负面看法，也不喜欢处于被动地位。
- 如果没时间做出决定，合成者可能会感到苦恼（例如，激励者把氛围搞得乱糟糟，倡导者着急行动，领航者着急完工）。他们不喜欢开会时别人大谈特谈而他们有话不能说，或者他们觉得还没考虑所有影响就仓促做出决定。

即便能量或肢体动作方面的差异也可能会让具有不同风格的人之间产生冲突。

  乔（Joe）（合成者）跟他十来岁的儿子约书亚（Joshua）（倡导者）正在设法穿过一个繁忙的车站大厅，乔走在前面。合成者倾向于间接地从一个地方走到另一个地方，边走边搜集

> 相关信息，而倡导者倾向于直奔目标。他们走散了，到了另一边的时候，乔花了好一会儿才找到儿子。乔对于约书亚没跟着自己穿过大厅感到很恼怒。不过，约书亚走的是最直接的路线，早就在不耐烦地等着父亲了，他对于父亲走弯路也感到很恼怒。

第九章至第十二章描述了具有不同风格的人因为彼此的行为而出现负面情绪时他们之间可能会产生的冲突和紧张局面。由于各自的不同偏好，各种风格的人之间也存在某些可能的冲突，请看下文。

不同偏好之间的冲突

回应式还是主动式：能否控制实体环境以及如何管理时间会受到我们的回应式或主动式偏好的影响。对您起作用的东西不一定对您的同事或家人起作用，见表8-2。

表8-2

回应式风格更喜欢……	主动式风格更喜欢……
塑造平静氛围的整洁空间 充分的单独工作的时间 干扰或令人分心的东西少 通过电子邮件或报告进行书面交流 有考虑问题的机会 跟他人会面前有做计划的时间 会后有时间进行反思	造就氛围刺激的繁忙环境 充分的跟别人合作的时间 适当干预或分散注意力 通过电话或面对面交流 有跟他人讨论问题的机会 有机会快速行动以及快速切换

表8-3

您的偏好对同事或家人有怎样的影响？

指令式还是启发式：我们以"告知"或"建议"的风格进行交流都可能会导致冲突，见表8-4。

表8-4

指令式风格……	启发式风格……
指出方向并期待对方跟随，但具有启发式偏好的人可能希望听到更多的解释	提供信息并期待对方行动之前考虑一下该信息，但具有指令式偏好的人可能更喜欢得到明确的指示
可能被对方，尤其是具有启发式偏好的人，视为过于直接	可能被对方，尤其是具有指令式偏好的人，视为优柔寡断
可能觉得启发式风格爱操纵他人	可能觉得指令式风格独断专行
如果您具有指令式偏好，请记住您的启发式的同事可能会对被告知该做什么感到苦恼——他们希望听到解释和信息而不是干巴巴的决定	如果您具有启发式偏好，请记住"简单就是美"——您的指令式风格的同事可能不希望得到解释或信息，而更喜欢您直接做出决定

如果您具有指令式偏好，为了让别人承担任务，您可以使用一种混合表述（将指示与信息结合起来）："请做一下会议记录，因为我们都想知道大家对什么达成了一致。"

如果您具有启发式偏好而且您需要让别人做什么事情，您可以使用一种混合表述（将信息与指示结合起来），以确保他们知道您希望他们做什么:"我们想知道大家对什么达成了一致,因此,请做一下会议记录。"

表 8-5

您的偏好对同事或家人具有怎样的影响?

处理冲突

当我们感受到威胁时,大脑中更为原始的部分,即杏仁核,会进行抗争或抗争性回应,此后更为理性的前额皮质才有时间发挥作用。冲突可能很快就从小小的误解升级为全面爆发的争论。以下是一些适合各种风格的处理冲突的建议:

- 用自己的话重复对方的观点,如有必要请弄清楚对方的立场。这样做能表明您获悉了对方的看法,确认您没听错并给了自己思考的时间。

- 用自己的话解释之后略作停顿再表明您的观点。使用"还有"而非"但是"跟您的观点进行联结——"但是"一词会否定前面的观点,而"还有"一词会把两种观点并列而不会让它们对立(比较一下回答说"是的,但是……"与"是的,还有……"两者各自会产生怎样的影响)。

- 描述他人行为时避免使用"从不"或"总是"这样的字眼，因为这可能会导致对方的情绪反应和冲突的升级。事实上，他们也不可能"从不"怎样或"总是"怎样。
- 避免使用"应当"或"应该"这样的字眼，因为大多数人都不喜欢被告知该做什么。
- 避免"出于尊重"或"我听见你说的了，但是……"这样的短语，因为它们是明显的警告，说明您即将表示反对意见。
- 只要您能找到共同点，就明确地表明您也同意那种看法。
- 不要罗列反对意见——相反，请求对方澄清、征求想法并提出建议。
- 从过去或现在转换到未来——我们打算做什么、怎样做会阻止这件事？这有助于您将怒气从异议中分离出来。[2]
- 从他们的角度考虑一下该问题——站在他们的立场而不是坚持自己的立场。

不同风格相处时好的一面

每种风格都有跟其他三种风格相同的偏好，这可以为他们之间发生冲突时提供一种协同效应。

- 倡导者与激励者都具有主动式偏好。
- 领航者与合成者都具有回应式偏好。
- 领航者与倡导者都具有指令式偏好。

- 激励者与合成者都具有启发式偏好。
- 激励者与领航者都是过程导向型。
- 合成者与倡导者都是结果导向型。

他们共同的偏好能带来共同基础和相互了解，在此基础上他们可以建立更坚实的联系。

以一种反映对方能量的方式行事，表明您尊重对方的内在动机，这些都能创造你们之间的联系。第九章至第十二章列出了包括您对他们说什么在内的可能引发积极情绪的行为。

在第四章至第七章，我们看到，在部分意义上，我们跟他人互动中的行为受到了我们的自我价值需求的驱动。我们对于自己的核心动机和信念具有一种情感依附，当我们感觉别人无视这些动机或信念时，我们就会将其视为对我们自我价值的威胁，而我们的回应方式可能导致冲突。了解这些风格有助于我们理解驱动别人行为的积极动机和良好意图，尽管我们可能会觉得受到了消极影响。有关具有不同风格的人的内在动机和信念，您可以回头参看第三章的表格（附录部分表3）。

我们根据他人的外部行为来判断他人、猜测他人的意图，但行为意图与行为对我们的影响之间常常不匹配。此时，反馈非常有用。因此，我们可以看看我们对对方的影响是否出自我们的本意，如果并非如此，我们可以抓住机会加以调整。我们往往基于自己的良好意图判断自身，而基于其恶劣影响判断他人。

如果不同风格的人之间的合作非常有效，他们之间也可能会产生协同效应。每种风格都能为工作团队、家人或朋友带来非常重要的东西。倡导者和合成者会让人们专注于某个结果或任务,激励者会让人们专注于让大家参与进来的过程,领航者会让大家专注于有关完成任务的规划过程。这些都是一个高绩效团队或幸福家庭的必要组成部分。

跟他人共事有一个非常重要的技巧,即您的行动方式应该有助于维护他们的自尊以及自我价值感,见表8-6。

表8-6

想一想跟您在工作中或工作外进行互动的某些人。
他们的肢体或言语行为可能透露他们是怎样的风格?
他们可能具有怎样的内在动机和信念?
跟您的风格和动机之间可能会产生怎样的冲突?
为此,您可以如何调整自己的方式?

花点儿时间弄清楚对方的视角、对驱动其行为的动机予以回应并表明您对其贡献的欣赏,是跟对方建立积极关系的关键一步。

第九章至第十二章将给出如何跟具有不同风格的人共同生活或工作的具体建议。

第九章
跟领航者共同生活或工作

领会到相关肢体和言语暗示能够帮助我们就对方的想法和感受做出更为准确的推论,因此我们能够更恰当地选择我们的回应并更巧妙地予以回应,从而满足对方的动机和需求。

本章针对面对具有领航者风格的人如何调整、如何与其建立联系提出了一些建议。在此,我们再来回顾一下领航者的主要特征,见表 9-1。

表 9-1

| 
回应者
指令式交流
过程导向 | 具有领航者风格的人崇尚行动方案:
・他们往往深思熟虑,讲话不紧不慢,看上去平静而专注
・他们制订行动方案以实现希望的结果
・他们做决策时小心谨慎,确保过程经过深思熟虑
・计划、监督、引导和调整,对他们来说往往是很自然的事情
・他们让集体都走上正轨,而且帮助集体对可能出现的问题做好准备
・如果不知道将要发生什么事情(或直到有了新的行动方案才知道计划有变)或者看不到事情的进展,他们可能会感到苦恼不已 |

建立默契

跟另外一个人建立关系的第一步就是塑造默契，我们这样做往往是无意识的。跟与自己相似的人建立默契更为容易一些，因此，如果某人跟您的风格不同，您可以通过调整自己的风格适应对方，从而在你们之间建立默契。

当您跟领航者交流时，您可以：

- 保持平静、直接、就事论事。
- 保持专注，不分神。
- 降低语速并倾听。
- 强调关键的里程碑事件。
- 谈一下相关目标以及如何实现该目标。
- 把事情想清楚——不要闭着眼睛就开始行动。

请记住，他们希望能有一个获得希望的结果的行动方案。

在建立默契的阶段，我们会下意识地领会对方做出的暗示，开始思量是否喜欢对方以及跟对方在一起是否令人舒适。表9-2列出了具有领航者风格的人可能会给您留下的印象以及可能对您的想法或感受带来的影响。

很明显，可能带来的负面影响会影响到您的回应，可能让你们双方陷入无益行为的恶性循环并导致互动困难的升级。我们往往会针对人们的行为进行推论并自行脑补。如果我们的推论并不

表 9-2

领航者可能给您留下的印象	领航者可能对您带来的影响
较真、严肃 反应慢 过于专注于细节或过程 过于喜欢发号施令 与团队有些脱节 有所隐瞒、缺乏热情 强行推行其框架或进程而显得死板 不愿考虑所有选项	您不愿意接近他们 您感觉不舒服 您想知道他们隐瞒了什么内容 您觉得他们不太配合 您对他们的进程和细节导向感到沮丧 您不喜欢被别人告知该做些什么

正确,我们可能会做出不恰当的回应,而情况可能很快从误解升级成冲突。

对对方保持开放和非评判态度会为您打开各种交流渠道。以平静而慎重的方式进行回应能帮您与对方连通,而且,随着互动的深入,您有机会了解其外部行为背后的积极意图。

调整您的行为以便跟他人建立联结

表 9-3 列出了领航者的内在动机以及其他三种风格在适应这些动机时的注意事项。

如果不知道可能会发生什么事情(当倡导者无计划地冒进,合成者和激励者带来太多选项和主意时),领航者往往会感到十分苦恼。因此,如果您具有其他风格,当心您的行为可能会影响到您的领航者同事。

表9-3

领航者的行为方式	如何围绕领航者做出转变
表现出专注的能量	保持平静、直接、客观
旨在获得希望的结果	降低速度、暂停并倾听、时不时进行眼神接触
迫切地希望预料到相关障碍	给他们时间表达自己的观点
认为努力超前思考、实现目标是有价值的	保持专注，不要分神
	他们表达看法时保持耐心
慎重地做出决定	不要侵入他们的空间
	不要指望闲聊也不要主动闲聊
希望让大家都在正途上并帮助大家预料到相关问题	让他们了解计划的变化
	强调关键的里程碑
	谈论目标及如何实现目标
有动力进行超前思考	鼓励他们表达自己的想法和细节
不理解可能发生的状况或看不到进展时可能会感到苦恼	把问题想清楚——不要冒进
	告诉他们要发生的事情
	承认他们有关行动方案的需求
	承认他们对团队的贡献

因此，当领航者感到苦恼时，请保持平静、直来直去，让他们知道会发生什么，为他们更新最新进展，在他们表达想法时保持耐心。

乔治（George）具有领航者风格。他担任某个职能角色，为某个运营团队提供支持，该团队的领导具有倡导者风格。乔治经常参加会议，这些会议会谈到很多问题，而且在乔治还没想好之前就会快速做出决定。在这些会议上他一直觉得压力很大，而运营领导们又希望快速得到有关工程问题的答案和决定。他无法做出快速回应，因为他更喜欢先把事情考虑清楚再提议采取哪种行动方案。他常常觉得那些决定是错误的。

> 他了解到在具有他这种风格的人当中这是个常见问题：他认识到自己思考的时间太长，需要加快节奏，也接受了在完全形成自己的想法之前就发言的建议。虽然起初他对此感到不适，但他发现同事们都会听他说，而积极的结果也让他在表达自己的观点方面变得更为自信了。
>
> 在该案例中，乔治改变了自己的风格，做出了所有的调整。如果他的同事们此前能认识到他在回答之前对于时间和空间的需求，乔治甚至可以更高效。

表 9-4

为了跟同事更好地相处，您或许需要如何改变呢？

与其他风格的冲突及紧张局面

有时候具有其他风格的人的行为可能会触发领航者的负面情绪。您应该知道那些可能触发领航者负面情绪的行为，这样您就可以避而远之。典型的诱因见表 9-5。

表 9-5

回应者 指令式交流 过程导向 	别人太专横或具有侵入性 有人不负责任 收到一堆毫无头绪的信息 节奏太快，没时间思考 别人优柔寡断 计划的改变 有人不遵守行动方案 不清楚会发生什么事情

如果领航者无法实现自己的动机或他们的偏好不被他人重视，这些诱因就会被激活。具有其他风格的人可以采取一些简单的措施来避免触发领航者的负面反应。

表 9-6

诱因	如何调整和联结
别人太专横或具有侵入性	具有倡导者和激励者风格的人倾向于先说出来再思考，领航者可能会觉得他们专横或具有侵入性。给领航者一些思考的空间、降低您的音量、问问他们的想法并倾听他们的答案
有人不负责任	如果他人不按照自己的期待或要求做事，具有指令式偏好的人可能会感到非常苦恼。因此，跟领航者一起工作时，要明确地回应他们的要求，这样他们就知道何去何从——不要让他们为正在发生什么事情而满腹狐疑。说好的事情就要做到，如果有所变化，直接告诉他们
收到一堆毫无头绪的信息	激励者和合成者都具有启发式偏好，对于领航者来说，他们提供的信息和细节或者希望参与进来的人往往太多。把您为相关计划或目标提供的信息关联起来，做到简明扼要

（续）

诱因	如何调整和联结
节奏太快，没时间思考	倡导者和激励者往往说话快、动作快，而领航者可能会觉得这是不经充分思考就贸然行动。降低您的语速，时不时暂停一下保持沉默。如有必要，安排晚些时候等领航者有时间思考后再结束讨论
别人优柔寡断	具有启发式偏好的合成者和激励者可能会显得优柔寡断，这会让领航者不安，因为他们往往喜欢清清楚楚而且更喜欢指令式风格。讲清楚您还在评估相关选项，做决定时会告诉他们一声。领航者还喜欢遵循已经做出的决定，而合成者和激励者乐于根据新情况改变决定。如果您希望跟您的领航者同事好好相处，您最好避免这种做法
计划的改变	领航者喜欢按计划行事，不过，只要改变计划之时新的行动方案已经就位，他们也可以灵活应对。因此，花些时间跟他们一起制订一个新计划是值得的
有人不遵守行动方案	其他三种风格都没有某些领航者那么在意这一点。他们会更努力推动人们遵循这一进程而且在这一点上可能会显得很固执，因此，具有其他风格的人要对此宽容一些，不要反应过度
不清楚会发生什么事情	如果倡导者在无计划的情况下冒进或者合成者和激励者制造了太多选项或拉进来太多人，领航者可能会感到苦恼。承认领航者对于行动方案的需求并告诉他们要发生的事情

具有领航者风格的人相信努力预期可能发生的事情是有价值的。汤姆（Tom）是一家水务公司的经理，他的同事哈米德（Hamid）负责管理附近的区域，他们需要在整个地区推行相同的流程和方法。汤姆采取了一种组织有序的方法，很重视

流程，喜欢循序渐进。他跟哈米德在风格和方法上总是冲突不断。哈米德善于处理紧急状况、喜欢立即行动，对流程没有耐心。哈米德觉得汤姆迂腐、受过程的驱动、墨守成规；而汤姆觉得哈米德不可靠、不值得信任、做事全凭感觉。

团队内部问题不断，他们之间的关系变得很差，彼此只能看到对方的负面而看不到对方潜在的才华。了解了这些风格后，他们才开始意识到对方的才华。他们还意识到有很多机会一起努力，以让两种风格造福于整个地区。

表 9-7

如果您跟一位领航者共同生活或工作，考虑一下您如何调整自己的行为才能避免触发他们的负面情绪。

触发正面情绪

请记住领航者的动机在于预期及推动某个行动方案，如果他们不知道要发生什么事情，可能会感到非常苦恼。您的行为可能触发他们的正面情绪并改善他们的感受。领航者声称他们希望从他人身上获得以下东西：

- 遵循某个进程或计划并将其完成，而非突然跑题。

- 人们反复回头展示自己已经理解的东西。
- 知道每个人都在同一条路上。
- 每个人对于所有事情都一清二楚。
- 利用准确的信息做出决定。
- 能够好好地被倾听。
- 人们表现出欣赏之情——予以积极的评论、跟随他们的进程
- 人们给他们时间。
- 受到他人的鼓舞——通过他们的行动、观点、音乐等。

为了跟领航者的内在动机建立联结并减轻他们的压力，您可以对他们说：

- "您能否考虑一下再制订一个计划？"
- "那么，您希望我做的是……"
- "接下来该做些什么呢？"
- "我们看一下有什么违反计划的事情吧。"
- "可能会有什么问题，我们怎样做才能避免这样的问题呢？"

表9-8

如果您跟一位领航者共同生活或工作，您可以做些什么来触发他们的正面情绪？

本（Ben）具有领航者风格。周末时他的伴侣凯特（Kate）会提出很多有关可以做什么的建议，而到底会发生什么事情他却一点儿也不清楚，他对此感到十分苦恼。他发现这种不确定性让自己十分不安，有时候这会导致他们之间的关系非常紧张。

他们找到了一个克服这一问题的方法，即周五晚上讨论有关周末的计划并达成一致。这消除了本的苦恼，他们的周末也过得更开心了。

团队的贡献

弄清楚领航者风格的独特贡献会激励具有其他风格的人努力适应领航者并与他们建立联结。团队中会有很多互动，因此出现误解、冲突和压力的概率也很高。有一种在团队中打造富有成效的氛围的方式，即明确地说出每个人对团队的贡献以及他们需要同事们怎样帮忙才能更有效率。

下文出自作者跟一家欧洲高科技公司的经理召开的研讨会。这些研讨会的目的是增进彼此之间的了解，创造一种人们觉得都能充分发挥自身潜力的氛围。关于领航者风格，参会者提到了以下内容。

领航者能带给团队：

- 慎重而考虑周到的方法。
- 以平静而慎重的方式履行职责。

- 按照计划或节点向前推进。
- 预料前进途中的障碍并设法克服。
- 保持动力。
- 建立某个进程并坚持下去。

领航者需要从团队中获得：

- 思考的时间。
- 倾听、认真对待而非不屑一顾。
- 明确的前进方向及决定。
- 他人能理解他们并非只喜欢过程也喜欢团队成员。
- 他人能意识到他们很灵活而且对改变持开放态度——需要给出解释。

公开承认领航者带给团队的东西，能大大提升具有这种风格的人的信心。此后，他们就个人行动还提出了以下几点建议，这些建议表明他们备受鼓舞，更愿意参与到团队之中：

- 获得团队的意见并让他人参与决策。
- 更清晰、更频繁地表达自己的观点。

表9-9

您可以怎样帮助您的领航者同事变成更高效的贡献者？

第十章
跟倡导者共同生活或工作

领会到相关肢体和言语暗示能够帮助我们就对方的想法和感受做出更为准确的推论，因此我们能够更恰当地选择我们的回应并更巧妙地予以回应，从而满足对方的动机和需求。

本章针对面对具有倡导者风格的人如何调整、如何与其建立联系提出了一些建议。在此，我们再来回顾一下倡导者的主要特征，见表10-1。

表 10-1

 主动者 指令式交流 结果导向	具有倡导者风格的人崇尚有结果的行动： ·他们往往动作麻利、语速快，看上去直来直去，意志坚定 ·他们能动员各种资源（包括人）来获得可实现的结果 ·他们做决策迅速而且充满自信 ·做出决定、指示，进行动员和执行，对他们来说往往是很自然的事情 ·他们带领集体直奔目标，而且帮助集体把事情完成 ·如果别人不像自己那样急切或者一事无成，他们会感觉失控、苦恼不已

建立默契

跟另外一个人建立关系的第一步就是塑造默契，我们这样做往往是无意识的。跟与自己相似的人建立默契更为容易一些，因此，如果某人跟您的风格不同，您可以通过调整自己的风格适应对方，从而在你们之间建立默契。

当您跟倡导者交流时，您可以：

- 加快节奏。
- 直言相告。
- 给出他们没考虑到的若干观点。
- （或许可以）幽默一些。
- 使用自信的语气。
- 表明您清楚时间紧迫。

请记住，倡导者希望采取行动，获得可实现的结果。

在建立默契的阶段，我们会下意识地领会对方做出的暗示，开始思量是否喜欢对方以及跟对方在一起是否令人舒适。表10-2列出了具有倡导者风格的人可能会给您留下的印象以及可能对您的想法或感受带来的影响。

表 10-2

倡导者可能给您留下的印象	倡导者可能对您带来的影响
摆架子、严苛 没耐心 不了解他人的感受 看不上其他可能的结果 通过控制资源疏远他人 不听从团队的观点	快节奏让您压力很大 您觉得他们具有侵入性 您觉得他们专横而且喜欢控制他人 对于他们不考虑您的观点就冒进感到沮丧 您不喜欢他们告诉您该做些什么

很明显，可能带来的负面影响会影响到您的回应，可能让你们双方陷入无益行为的恶性循环并导致互动困难的升级。我们往往会针对人们的行为进行推论并自行脑补。如果我们的推论并不正确，我们可能会做出不恰当的回应，而情况可能很快从误解升级成冲突。

对对方保持开放和非评判态度会为您打开各种交流渠道。以积极、充满活力的方式进行回应能帮您与对方连通，而且，随着互动的深入，您有机会了解其外部行为背后的积极意图。

调整您的行为以便跟他人建立联结

表 10-3 列出了倡导者的内在动机以及其他三种风格在适应这些动机时的注意事项。

表 10-3

倡导者的行为方式	如何围绕倡导者做出转变
表现出执着的能量 旨在获得可实现的结果 具有一种行动有成的紧迫需求 认为值得冒险前行，采取行动或做出决定 喜欢快速决策 有行动或做出决定的动力 一事无成或感觉失控时会感到苦恼	言简意赅——迅速直奔主题 动作麻利、语气有力、直接眼神接触 表明您了解情况的紧迫性 解决了主要问题再聊天 告诉他们您正在做什么以及何时完成 话不要太多 帮助他们慢下来、退后一步进行观察 告诉他们事情的原因 告诉他们具体要求 提出他们未曾考虑过的建议 必要时进行反击，他们并不介意 理解他们的幽默

如果没有什么实际行动（合成者探讨合作选项，领航者迫切要求制订行动方案，激励者大谈特谈），倡导者可能会感到十分苦恼。因此，如果您具有其他风格，当心您的行为可能对您的倡导者同事造成的影响。

因此，当倡导者感到苦恼时，告诉他们事情的原因，帮助他们了解到事情正在进行之中或何时完成，并理解他们的幽默。

> 如果经理们做事情的速度不够快，约瑟夫（Joseph）常常会感到沮丧和苦恼。他会对他们进行微管理，给他们布置好日常任务后监督他们完成。不过，这意味着他们对自己的工作没多少控制力，感觉不太需要负责——如果出了问题，那也是约瑟夫的错。
>
> 这一策略行不通，因此约瑟夫换了一种方法。分配任务时，他让他们负责决定如何做以及何时完成。他们会随时告知他事情的进展，他直到最后期限才会主动过问。起初，他觉得这样做很难，不过他慢慢地学会了放手和信任他们，他的经理团队变得更有动力了。

表 10-4

您或许需要如何改变才能更好地跟同事相处呢？

跟其他风格的冲突及紧张局面

有时候具有其他风格的人的行为可能会触发倡导者的负面情绪。您应该了解可能触发倡导者负面反应的那些行为，这样您就可以避免这些行为。典型的诱因见表10-5。

表 10-5

主动者 指令式交流 结果导向	人们矜持或有所隐瞒 人们不负责任 收到毫无头绪的信息 慢节奏让人沮丧 人们犹豫不决 一事无成 反复讨论或重新考虑已有决定

如果倡导者无法实现自己的动机或他们的偏好不被他人重视，这些诱因就会被激活。具有其他风格的人可以采取一些简单的措施来避免触发倡导者的负面反应。

表 10-6

诱因	如何调整和联结
人们矜持或有所隐瞒	倡导者具有主动式偏好，他们喜欢跟他人讨论，而且他们说话时反应迅速。不过，领航者或合成者的可能行为是先把事情想清楚再发言。倡导者倾向于认为他们故意隐瞒或不够努力。跟倡导者一起工作时，具有其他风格的人应该把自己正在思考的事情说出来，哪怕这些想法还没有完全组织好。倡导者欢迎别人表达自己的观点，因为倡导者认为这标志着他们正在朝着目标努力

（续）

诱因	如何调整和联结
人们不负责任	别人未达到自己的期望或要求时，具有指令式偏好的人可能会感到十分苦恼。因此，跟倡导者一起工作时，对他们的要求要做出明确的回应，这样他们就能了解自己面临的状况——不要让他们猜测发生了什么。他们具有有所成就的迫切需求，因此，如果不知道正在发生些什么事情，他们会感到沮丧。说到就要做到，如果事情有变故，直接告诉他们
收到毫无头绪的信息	激励者和合成者都具有启发式偏好。倡导者认为，他们提供的信息和细节或者希望拉进来的人太多。说明您提供的信息与目标之间的关联，但要简明扼要。不要显得闪烁其词或故意拖延。倡导者不要求太多的解释——他们更喜欢直奔主题，如果他们想知道您的理由，他们会主动询问
慢节奏让人沮丧	领航者和合成者说话时往往小心翼翼、不慌不忙，他们的姿势和肢体语言比倡导者更为内敛，不那么果决。这跟倡导者的高能量方式不太匹配。加快您的语速，提高音量，让您的肢体语言更活泼一些，这些都有助于您跟倡导者的能量建立联结。激励者（天生精力旺盛）难以做到简明而具体——少说话，少做解释。各种风格的人都可以表明自己意识到了倡导者希望有所成就的迫切性
人们犹豫不决	合成者和激励者具有启发式偏好，他们喜欢咨询他人、让他人参与进来、考虑他人的观点或信息。这一过程可能比较费时，因而决策的时间也较长，这会让倡导者比较苦恼，因为他们喜欢快速决策以便开始行动。告诉他们您何时做出决定并同他们定好最后期限，这样就不会一拖再拖——务必提前告知他们最后期限
一事无成	倡导者对于有所成就有种迫切需求，如果他们觉得什么事情都没做成，他们会十分苦恼。他们急于开始行动，事后再弄清细节。这可能会使他们与合成者和激励者产生冲突，因为后者喜欢花时间咨询别人、让别人参与进来。他们跟领航者也可能

(续)

诱因	如何调整和联结
一事无成	会产生冲突,后者更喜欢提前花时间做好计划并确保考虑到所有风险。承认倡导者有所成就的需求并告诉他们什么人在做什么事。向他们保证事情已经在进展之中,鼓励他们在工作进展过程中拿出些时间关注一下别的事情
反复讨论或重新考虑已有决定	当人们重新考虑已有决定或反复讨论时,倡导者可能会感到十分苦恼。不过,对于合成者和激励者来说,这是获得了更多信息或有更多人参与的自然结果——他们认为这是一件好事。倡导者可能变得过度自信,摆架子,苛刻,因此,其他风格的人需要有所体谅,不要反应过度。有时候倡导者可能会掂酌一番并退出讨论。在这种情况下,具有其他风格的人可以采取措施再把他们拉进来

具有倡导者风格的人认为值得冒险采取行动或做出决定,此后再加以矫正。詹姆斯(James)(倡导者风格)是一家制造厂的经理。有一些成品的质量有问题,亟待解决。他希望听听质量工程师的意见,要求对方立即答复如何解决这一问题。质量工程师具有领航者风格,他需要时间进行调查和思考。对此,詹姆斯感到极其沮丧——詹姆斯要的是立即行动。他催着对方提出了一个解决方案并强行采取一项并非最优的行动,导致后来出现了更多问题。然而,詹姆斯还是觉得先做些事情后面再进行调整要比空等着好。如果质量工程师当时能表现出紧迫感并告诉詹姆斯自己会马上研究解决方案,他本来可以对詹姆斯施加影响让詹姆斯等等再行动。

表 10-7

如果您跟一位具有倡导者风格的人共同生活或工作，考虑一下您如何调整自己的行为以免触发他们的负面情绪。

触发正面情绪

请记住倡导者的动机在于求成以及推动能带来结果的行动，如果他们感觉一事无成，可能会感到非常苦恼。您的行为可能触发他们的正面情绪并改善他们的感受。倡导者声称他们希望从他人身上获得以下东西：

- 看到朝向目标的行动。
- 听到别人说自己正在做什么。
- 大家谈论任务，即便自己跟他们有分歧或者他们彼此意见不合。
- 紧迫感，不需要太多讨论就开始工作。
- 所有人"一起出力"的感觉。

为了跟倡导者的内在动机建立联结并减少他们的苦恼，您可以对他们说：

- "我马上着手去办。"
- "我打算这样……"
- "我确定我们今天能够完成。"
- "我会让其他人帮忙。"
- "我已经完成了。"

表 10-8

如果您跟一位倡导者共同生活或工作，您可以做些什么来触发他们的正面情绪？

戴维娜（Davina）（倡导者风格）决定周末组织一场生活在全国各地的朋友们的聚会。她掌控了一切，跟每个人联系、建议聚会日期、协调所有的答复、确定聚会日期，以及请别人志愿带食物、饮品及参加活动。他们很快都进行了答复，并同意承担各种任务。这让她感觉很好，他们度过了一个很棒的周末。

团队的贡献

弄清楚倡导者风格的独特贡献会激励具有其他风格的人努力

适应倡导者并与他们建立联结。团队中会有很多互动，因此出现误解、冲突和压力的概率也很高。有一种在团队中打造富有成效的氛围的方式，即明确地说出每个人对团队的贡献以及他们需要同事们怎样帮忙才能更有效率。

下文出自作者跟一家欧洲高科技公司的经理召开的研讨会。这些研讨会的目的是增进彼此之间的了解，创造一种人们觉得都能充分发挥自身潜力的氛围。关于倡导者风格，参会者提到了以下内容。

倡导者能带给团队：

- 开始任务的行动和能量。
- 及时兑现。
- 引领团体或活动。
- 提供框架、清晰的思路以及方向。
- 对风险和决定负责。
- 疏通、克服障碍。

倡导者需要从团队中获得：

- 快速进入正题——使用事实及具体实例。
- 发声、告知结束的时间，如果我们脱离现实，告诉我们原因。
- 提供有用的、有意义的更新——不要让我们蒙在鼓里。
- 帮我们确定优先事项。

- 帮我们退后一步并反思。

具有倡导者风格的人一心一意想把事情做完,他们认同的个人行动都旨在创造时间和空间,让具有其他风格的人做出自己独特而宝贵的贡献。他们声称自己需要:

- 退后一步、多做反思。
- 减少对抗性。
- 利用别人提供的信息和意见。

表 10-9

您可以怎样帮助您的倡导者同事变成更高效的贡献者?

第十一章
跟激励者共同生活或工作

领会到相关肢体和言语暗示能够帮助我们就对方的想法和感受做出更为准确的推论,因此我们能够更恰当地选择我们的回应并更巧妙地予以回应,从而满足对方的动机和需求。

本章针对面对具有激励者风格的人如何调整、如何与其建立联系提出了一些建议。在此,我们再来回顾一下激励者的主要特征,见表 11-1。

表 11-1

主动者 启发式交流 过程导向	具有激励者风格的人崇尚参与: ・他们往往语速快、行动快而且很健谈,显得充满热情而且很投入 ・他们让别人参与进来,以便获得一个人人欢迎的结果 ・他们通过协作做出决定以确保得到别人的认同 ・说服、激励、推动以及集思广益,对他们来说往往是很自然的事情 ・他们会推动集体的进程并帮助集体加大投入 ・当他们或其他人未能参与其中或感觉不被接受时,他们会有压力

建立默契

跟另外一个人建立关系的第一步就是塑造默契,我们这样做往往是无意识的。跟与自己相似的人建立默契更为容易一些,因此,如果某人跟您的风格不同,您可以通过调整自己的风格适应对方,从而在你们之间建立默契。

当您跟激励者交流时,您可以:

- 倾听并表现出兴趣。
- 积极评价。
- 凸显某些选项的好处。
- 给出选项但不要指定方向。
- 使用乐观的语气。
- （如果合适）以自己为例。
- 让您的主意听起来很积极。

请记住，激励者喜欢让别人参与，而且自己也会参与其中。

在建立默契的阶段，我们会下意识地领会对方做出的暗示，开始思量是否喜欢对方以及跟对方在一起是否令人舒适。表 11-2 列出了具有激励者风格的人可能会给您留下的印象以及可能对您的想法或感受带来的影响。

表 11-2

激励者可能给您留下的印象……	激励者可能对您带来的影响
过度乐观 不够专注于任务 话太多 容易气馁 不太在意细节或人们对于框架和规划的需求 太热衷于让别人参与或鼓动他人 主意太多	快节奏让您压力很大 您觉得他们具有侵入性 您觉得他们爱出风头 您对于乱糟糟的氛围感到苦恼 他们不按您的要求做让您不快

很明显，可能带来的负面影响会影响到您的回应，可能让你们双方陷入无益行为的恶性循环并导致互动困难的升级。我们往往

会针对人们的行为进行推论并自行脑补。如果我们的推论并不正确,我们可能会做出不恰当的回应,而情况可能很快从误解升级成冲突。

对对方保持开放和非评判态度会为您打开各种交流渠道。以鼓励性、活泼的方式对激励者进行回应能帮您与对方连通,而且,随着互动的深入,您有机会了解其外部行为背后的积极意图。

调整您的行为以便跟他人建立联结

表11-3列出了激励者的内在动机以及其他三种风格在适应这些动机时的注意事项。

表 11-3

激励者的行为方式	如何围绕激励者做出转变
积极投入的能量 旨在获得人人欢迎的结果 迫切希望他人参与而且自己也会参与 认为值得努力让所有人都参与,而且让他们都乐意 喜欢协作性决策 会推动集体的进程,并帮助集体加大投入 有动力把所有人都拉进来 有什么事情没能参与时可能会感到十分苦恼	从聊天开始 加快节奏,使用活泼、富有表现力的肢体语言 呈现开放姿态,拿出热情来 用积极评价强化自己的观点 用积极向上的语气提供信息 以自身为例 凸显某些选项的好处 让您的主意听起来很积极 充当传声筒,帮他们考虑清楚

如果人们不参与或缺乏热情（领航者和合成者非常安静，而倡导者似乎不听自己的主意），激励者会感到十分苦恼。因此，如果您具有其他风格，当心您的行为可能对您的激励者同事造成的影响。

因此，当激励者苦恼时，听他们把事情说完，鼓励他们积极参与，表达您的观点、想法和感受。

在工作中，具有激励者风格的人可能通过鼓励他人参与来做出贡献，不过也有一个隐患，即他们可能把氛围搞得很乱。利兹（Lizzie）具有激励者风格，在一间开放式办公室上班，不过她一半的时间会待在别处。只要她在办公室，她的同事们都知道，因为她嗓门很大，到处跟人互动。有了什么主意，她肯定会马上跟别人讨论一番。她很热情也很有感染力，但对同事们不利的是，他们会因此从自己的工作中分心。为了把对他人的打扰最小化，她的一位同事同意充当她的传声筒，他们把会面安排在一个远离其他人的房间。

有些具有激励者风格的人说自己"摆架子"——多数情况下这个词被用来描述倡导者风格。虽然激励者说自己摆架子，但其他人并不这么看。激励者觉得自己摆架子，也许是因为他们愿意而且也有能力把人们聚到一起并为他人组织他们喜欢的事情。有时候，具有启发式交流风格的人（激励者和合成者）使用指令式语言会让人觉得摆架子，因为这不符合他们的天性。

表 11-4

您需要如何改变才能更好地跟同事相处呢?

跟其他风格的冲突及紧张局面

有时候具有其他风格的人的行为可能会触发激励者的负面情绪。您应该了解可能触发激励者负面反应的那些行为，这样您就可以避免这些行为。典型的诱因见表 11-5。

表 11-5

主动者 启发式交流 过程导向	别人有所保留或隐瞒 别人不听自己的意见 被告知该做什么，但没有加以解释 慢节奏导致挫折感 有人摆架子 别人没热情 感觉不到参与感或感觉被排斥

如果激励者无法实现自己的动机或他们的偏好不被他人重视，这些诱因就会被激活。具有其他风格的人可以采取一些简单的措施来避免触发激励者的负面反应。

表 11-6

诱因	如何调整和联结
别人有所保留或隐瞒	领航者和合成者往往是先想好再说,激励者认为他们有所保留而且可能认为他们有所阴谋或不够投入。及时回应,最好加上一些积极的评价,哪怕您还没完全想清楚。对激励者来说,说点儿什么总比什么都不说好。如果您具有倡导者风格,多听听激励者的看法,不要加以批评
别人不听自己要说什么	激励者具有启发式和主动式偏好,他们让他人参与讨论并向他人解释或共同探讨他人的想法。如果别人不愿搭理他们,他们可能会感到十分苦恼。拿出些时间听听他们的看法,跟他们探讨一下,即便这意味着您暂时要放下自己手头上正在做的事情
被告知该做什么,但没有加以解释	倡导者和领航者都具有指令式偏好,他们往往会给出指示但很少加以解释。这让激励者十分苦恼,因此,可以努力提供一些信息或解释,因为这有助于让他们感觉致力于您希望他们做的事情。合成者肯定会提供很多信息,不过他们提供的信息对于他们具体希望您做什么可能不够清晰
慢节奏导致挫折感	领航者和合成者的言行往往四平八稳、思虑再三,这种慢节奏可能会让激励者感到十分苦恼。激励者往往嘴上闲不住,这进一步减少了其他人做出回应的机会。不要停顿,加快语速,让您的语气多些变化。如有必要,告诉激励者您需要些思考的时间,离开时对他们说一些鼓励性的话
有人摆架子	激励者天生喜欢讨论各种想法或选项。因此,在跟激励者交流时,请花些时间介绍一下情况,做些解释。倡导者和领航者应该避免表现出要指点或摒弃激励者可能觉得值得考虑的选项的样子
别人没热情	激励者的风格最有表现力、最活泼,他们可能认为领航者和合成者不太有热情、缺少激情。跟激励者谈话时,可以告诉他们您当时的想法,加快节奏,使用更具表现力的肢体语言
感觉不到参与感或感觉被排斥	激励者的核心内在动机是拉着别人,以获得一个人人欢迎的结果。他们自己很喜欢参与,如果感觉被排斥在外,可能会失去动力。确保什么事儿都带上激励者或者至少告诉他们一下,好让他们知道现在的状况

激励者往往有很多话要说，对此其他人可能会觉得难以抗拒或十分苦恼，当他们感觉自己有话却没机会讲时尤其如此。保罗（Paul）具有合成者风格，他就遇到了这种情况。有一次，他对自己具有激励者风格的同事莎莉（Sally）说："你越小题大做，我就越不会拿你当回事儿。"他认识到自己有时候需要打断对方，尽管那样做会让人觉得自己很粗鲁，但那是唯一能确保别人考虑自己观点的方式。

表 11-7

如果您跟一位具有激励者风格的人共同生活或工作，考虑一下您如何调整自己的行为以免触发他们的负面情绪。

触发正面情绪

请记住激励者的动机在于参与，如果他们或其他人无法参与，他们可能会感到非常苦恼。您的行为可能触发他们的正面情绪并改善他们的感受。激励者声称他们希望从他人身上获得以下东西：

- 看到大家都在发挥自己的能量，了解事情的走向。
- 乐观感——"我们"能行。
- 人们予以公开、诚实地回应。
- 所有人，而非个人，都觉得自己很重要。

- 人们都很开放而且富有好奇心。
- 人们表现出正面情绪。
- 人们看上去很投入、很有兴趣。

为了跟激励者的内在动机建立联结并减少他们的苦恼，您可以对他们说：

- "我喜欢跟你一起研究一下。"
- "这真是个好主意。"
- "我们什么时候开始？"
- "大家觉得怎样？"

表 11-8

如果您跟一位激励者共同生活或工作，您可以做些什么来触发他们的正面情绪？

一群朋友一直在说周末去巴塞罗那的事情，但谁都没有什么行动。在这些人当中，有三个人具有激励者风格，两个人具有领航者风格，两个人具有合成者风格。如果有人具有倡导者风格（"咱们现在就去！"），出行的日期可能早就定了，航班和酒店也早就订好了。日子一天天过去，最终，埃莉（Ellie）（激励者）邀请所有人到自己家里（"咱们现在开始"）

> 进行讨论和社交聚会。每个人都积极响应,她很开心自己开启了旅程。具有合成者风格的人带来了关于巴塞罗那的信息,还忙着上网查看航班和安排住宿("我们需要怎样的结果?"),以便做出最好的决定。两位领航者开始为周末制订计划("计划是什么?")。

显然,具有某种风格并不意味着您必须承担跟这种风格相关的任务,您也无须具有某种风格才能成功地完成某项任务。不过,这种风格表明我们天生倾向于首先专注于我们觉得重要、最接近自己的独特优点的事情。

团队的贡献

弄清楚激励者风格的独特贡献会激励具有其他风格的人努力适应激励者并与他们建立联结。团队中会有很多互动,因此出现误解、冲突和压力的概率也很高。有一种在团队中打造富有成效的氛围的方式,即明确地说出每个人对团队的贡献以及他们需要同事们怎样帮忙才能更有效率。

下文出自作者跟一家欧洲高科技公司的经理召开的研讨会。这些研讨会的目的是增进彼此之间的了解,创造一种人们觉得都能充分发挥自身潜力的氛围。关于激励者风格,参会者提到以下内容。

激励者能带给团队:

- 乐趣、享受、协作以及鼓舞。
- 热情、能量以及他人的参与。
- 社交"黏合剂"而非只是任务、跟他人的联结。
- 聚合不同的观点和立场。
- 继续前行——不断提出各种主意。
- 积极的标签、乐观的精神。
- 让他人发现新鲜事物。
- 跟他人建立关系网——天生的分享的愿望。

激励者需要从团队中获得:

- 早点参与、投入团队之中。
- 其他人不要有负面反应。
- 其他人对自己真诚相待。
- 真挚地关心自己。
- 给予指示,但不能过分。
- 回应——告诉我们你的感受。
- 不要言而无信——说到做到,会上会下均需如此。

在研讨会期间,有人提议建立一个个人对个人的辅导网,继续学习如何调整对待彼此的行为,让所有团队成员的个人优点能在团队之中大放光彩。一点儿也不意外,采取行动实施这一主张的是团队中的两位激励者。

激励者认同的其他个人行动包括:

- 给出指示而不是信息。
- 明确地说出自己希望从团队中获得什么。

有一位参会者说:"我注意到自己需要更具体、更专注一些,这不是一件坏事。"

表 11-9

您可以怎样帮助您的激励者同事变成更高效的贡献者?

第十二章
跟合成者共同生活或工作

领会到相关肢体和言语暗示能够帮助我们就对方的想法和感受做出更为准确的推论,因此我们能够更恰当地选择我们的回应并更巧妙地予以回应,从而满足对方的动机和需求。

本章针对面对具有合成者风格的人如何调整、如何与其建立联系提出了一些建议。在此,我们再来回顾一下合成者的主要特征,见表 12-1。

表 12-1

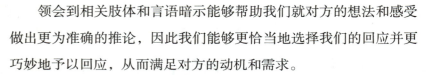

回应者 启发式交流 结果导向	具有合成者风格的人崇尚最佳结果: · 他们的言行往往不摆架子,看上去耐心而且平易近人 · 他们搜集信息和意见以便获得最佳结果 · 他们与人协商,整合很多来源的意见和观点后做出决定 · 定义、说明、支持和整合,对他们来说往往是很自然的事情 · 他们支持集体的进程,并帮助集体避免犯错 · 如果时间不够、自己的努力不被认可或者被催着赶快做出决定,他们可能会感到苦恼不已

建立默契

跟另外一个人建立关系的第一步就是塑造默契,我们这样做往往是无意识的。跟与自己相似的人建立默契更为容易一些,因此,如果某人跟您的风格不同,您可以通过调整自己的风格适应对方,从而在你们之间建立默契。

当您跟合成者交流时,您可以:

- 保持开放的态度,不摆架子。
- 允许暂停以便进行思考。
- 提出问题并倾听他们的回答。
- 不要催着他们做出决定。
- 主动提出选项及注意事项。
- 询问他们考虑得如何了。
- 给他们时间处理相关信息。

请记住,合成者需要信息和意见才能获得最佳结果。

在建立默契的阶段,我们会下意识地领会对方做出的暗示,开始思量是否喜欢对方以及跟对方在一起是否令人舒适。表12-2列出了具有合成者风格的人可能会给您留下的印象以及可能对您的想法或感受带来的影响。

表 12-2

合成者可能给您留下的印象……	合成者可能对您带来的影响
不够果决	您受不了这种慢节奏
太追根究底	您对于停顿感觉不舒服
方向不明确	您不知道他们在想什么
做出决定、采取行动的速度太慢	您认为他们唯唯诺诺
迁就太多的需求而唯唯诺诺	您不喜欢他们会征询您的意见但好
把事情弄得太复杂	像又对其视而不见的做法

很明显，合成者风格对您可能造成的负面影响会影响到您的回应，可能让你们双方陷入无益行为的恶性循环并导致互动困难的升级。我们往往会针对人们的行为进行推论并自行脑补。如果我们的推论并不正确，我们可能会做出不恰当的回应，而情况可能很快从误解升级成冲突。

对对方保持开放和非评判态度会为您打开各种交流渠道。以友好、耐心的方式对合成者进行回应能帮您与对方连通，而且，随着互动的深入，您有机会了解其外部行为背后的积极意图。

调整您的行为以便跟他人建立联结

表12-3列出了合成者的内在动机以及其他三种风格在适应这些动机时的注意事项。

表 12-3

合成者的行为方式	如何围绕合成者做出转变
表现出平易近人的能量	保持开放、友好但不要过头
旨在获得最佳结果	进行眼神接触、使用更温和的语气、低调一些
受一种整合意见的迫切需求的驱动	允许他们思考一下
认为值得花时间整合、调和各种意见	倾听时不要打断他们
希望做出协商性决定	提出问题并认真听他们的回答
希望支持团体的进程，并帮大家避开错误	给他们反思和整合的时间
积极调和一切	了解他们想法的进展
如果没有足够的时间、认可或被催着快速做出决定，他们可能会感到十分苦恼	不要催着他们立刻做出决定
	提供选项和注意事项
	认同他们的意见
	告诉他们您需要他们做什么

如果没有时间做出决定或自己的贡献得不到认同（倡导者勇往直前，激励者谈起来没完，而领航者着急制订行动方案），合成者会感到十分苦恼。因此，如果您具有其他风格，当心您的行为可能对您的合成者同事造成的影响。

因此，当合成者苦恼时，对他们表示友好但不能过头、耐心地提供信息、给予鼓励、给他们反思和整合的时间。

> 由于伴侣比利（Billy）的工作原因，凯蒂（Katie）（合成者）和比利要搬到了海外生活。比利已经先过去了，而凯蒂要等到孩子们学期结束才能动身。凯蒂希望尽可能守住自己的工作，还没有决定什么时候提交辞呈。她感受到了比利给自己的压力，每次两人通话时比利都会问她什么时候辞掉工作。他想知道她的计划，而她想推迟到考虑过所有选项、时机合适的时候再做决定。凯蒂告诉了比利自己动身的最后期限，解决了这一差异，而她知道自己想提前动身就可以提前动身，这也让她保持了开放性的选项。

表 12-4

您需要如何改变才能更好地跟同事相处呢？

跟其他风格的冲突及紧张局面

有时候具有其他风格的人的行为可能会触发合成者的负面情绪。您应该了解可能触发合成者负面反应的那些行为，这样您就可以避免这些行为。典型的诱因见表 12-5。

表 12-5

回应者 启发式交流 结果导向	别人专横或具有侵入性 别人不听自己的意见 被告知要做什么，但没有相关解释 节奏太快，没有足够的思考时间 别人摆架子 没有足够的时间整合所有的信息 别人不认可自己的贡献 还没准备好时被迫做出决定

如果合成者无法实现自己的动机或他们的偏好不被他人重视，这些诱因就会被激活。具有其他风格的人可以采取一些简单的措施来避免触发他们的负面反应。

表 12-6

诱因	如何调整和联结
别人专横或具有侵入性	倡导者和激励者风格倾向于先说出来再进行思考，合成者可能会觉得他们专横或具有侵入性。给他们一些思考的空间、降低您的音量、问问他们的想法并倾听他们的回答
别人不听自己的意见	如果无法开展对话说出自己的想法，具有回应式偏好的人可能会感到十分苦恼。您可以主动问他们有些什么想法，给他们清晰表达自己想法的时间和空间

（续）

诱因	如何调整和联结
被告知要做什么，但没有相关解释	对合成者来说，领航者和倡导者都具有指令式偏好，可能做出很多指示但很少进行解释。虽然他们表面上好像同意（因为他们往往迁就他人）什么事情，事实上他们可能会无视相关指示，因此，您值得多花一点儿时间确保他们能够表达自己所有的担忧
节奏太快，没有足够的思考时间	倡导者和激励者往往说话快、行动也快，而合成者可能认为这是没考虑所有选项的冒进。降低您的语速，不要一直说个不停。耐心一些。如有必要，等他们考虑好之后再做决定
别人摆架子	领航者和倡导者具有指令式偏好，他们可能会摆架子，这可能会让合成者进行消极抵触。征询合成者的观点并考虑他们的意见。控制您发号施令的欲望——相反，进行解释并允许他们进行表达
没有足够的时间整合所有的信息	帮他们弄清楚需要多少时间并就所需时间达成一致，因此，在约定日期之前不要追着他们进行反馈。如果没有那么多时间给他们，帮助他们厘清主次，并表示有时候只要结果够好就可以了
别人不认可自己的贡献	合成者常常说自己出了主意或提出了建议但别人抢了自己的功劳。确保您承认他们的意见并对他们的工作予以反馈
还没准备好时被迫做出决定	倡导者未考虑所有选项就仓促采取行动、领航者希望先制订行动方案或激励者拉进来太多人把氛围弄得很乱，这都可能会让合成者感到苦恼。承认他们对于时间的需求、帮他们弄清楚如何才能做出决定，并就需要的时间达成一致

参加某场研讨会的人针对一些具有不同性格风格的人进行了一场实践活动。做活动报告时，显然合成者因为具有其他风格的人——尤其是他们小组中具有倡导者风格的人，其行为出现了一些负面情绪。因为，那些人不听合成者说了什么，而

且站在桌子旁边，身体前倾，不像其他人那样坐在桌子旁边。合成者认为，如果他们小组的人能再少一些、没人争论，他们的任务本来可以完成得更好一些。他们觉得自己风格的贡献就是找到"完成任务的策略、为彼此服务而且不争吵"——这一方法跟他们那些倡导者同事完成任务的方法非常不同。

表 12-7

如果您跟一位具有倡导者风格的人共同生活或工作，考虑一下您如何调整自己的行为以免触发他们的负面情绪。

触发正面情绪

请记住合成者的动机在于整合以及推动实现最佳结果，如果他们的工作没有足够的信息、时间或认同，他们可能会感到非常苦恼。您的行为可能触发他们的正面情绪并改善他们的感受。合成者声称他们希望从他人身上获得以下东西：

- 被允许发言的时间和空间。
- 使产出得以发展和出现。
- 其他人能够接受沉默。
- 人们承认他们的贡献。
- 其他人负起责任——投入的一种标志。

- 其他人对他们表示关心。
- 有人充当传声筒。

为了跟合成者的内在动机建立联结并减少他们的苦恼，您可以对他们说：

- "你觉得这个主意怎么样？"
- "你多久才能完成那份报告？"
- "你所做的真的很有用。"
- "我喜欢你关于此事的看法。"
- "你觉得有哪些利弊？"

表 12-8

如果您跟一位合成者共同生活或工作，您可以做些什么来触发他们的正面情绪？

克丽丝（Chrissie）为呼叫中心的员工准备了一个培训课程。她借用了来自很多不同渠道的素材，还跟很多人讨论了他们的需求。她把这些信息整合后，做出了非常具有创意的设计。她的客户对课程感到非常满意，她的工作深受好评和认可。这让她觉得自己所有的努力都很有价值，虽然她的同事和客户并不知道她为此付出了多少时间。

团队的贡献

弄清楚合成者风格的独特贡献会激励具有其他风格的人努力适应合成者并与他们建立联结。团队中会有很多互动,因此出现误解、冲突和压力的概率也很高。有一种在团队中打造富有成效的氛围的方式,即明确地说出每个人对团队的贡献以及他们需要同事们怎样帮忙才能更有效率。

下文出自作者跟一家欧洲高科技公司的经理召开的研讨会。这些研讨会的目的是增进彼此之间的了解,创造一种人们觉得都能充分发挥自身潜力的氛围。关于合成者风格,参会者提到以下内容。

合成者能带给团队:

- 整合信息的能力。
- 专注于产出——带来最佳结果。
- 倾听他人。
- 灵活、可调整的方法。
- 淡定。

合成者希望从团队中获得:

- 能兑现的耐心。
- 最大可能的信任。
- 必要的支持。
- 应有的认可。

- 认识到其他三种风格始终需要一个善于"合成"的人。
- 单独思考的时间。

公开承认合成者带给团队的东西,能够大大提升具有这种风格的人的信心。此后,他们就个人行动还提出了以下几点建议,这些建议表明他们备受鼓舞,更愿意参与到团队之中:

- 更经常地简要陈述自己的想法。
- 更果决,发言更自信一些。
- 讨论自己不太有自信或不太了解的话题时勇往直前。

表 12-9

您可以怎样帮助您的合成者同事变成更高效的贡献者?

Part 3

第三部分

如何在工作和生活中应对不同风格的人

第十三章
积极影响的策略

每个人都想改变世界,却没有人想改变自己。
——列夫·托尔斯泰

第十三章 积极影响的策略

无论有意还是无意，我们的一言一行都会对他人产生影响。即便别人不在我们面前，我们也会本能地通过面部表情交流彼此的感受。看电影或读书时，即便周围没人能看到或听到，我们也会做出言语上和肢体上的反应。如果有人在场，我们的言行会对他们产生影响，并进而影响到他们对我们的回应。

这种影响本身以及它对别人的影响可能并非出于我们的本意。他们对于我们行为的解释会受到他们头脑中想法的影响，而他们并不知道我们头脑中在想些什么。举例来说，某人刚从老板那里听到了一些坏消息并为此感到不安。有同事乐呵呵地跟他打招呼时，他的回答听上去气呼呼的，结果那位同事觉得碰了一鼻子灰，一整天都躲着他——这是一个他们两个人谁都不想看到的结果。

积极影响指的是能够将您的行为跟意图、目标相匹配。我们对自己言行的预期与对对方的影响之间往往存在一个"影响力缺口"（见图13-1）。举例来说，具有倡导者风格的人有意快速做成什么事情，但是如果他们的方法让人觉得"笨手笨脚"，其冲击可能会导致人们抵触他们想要的东西，而他们也会失去影响力。

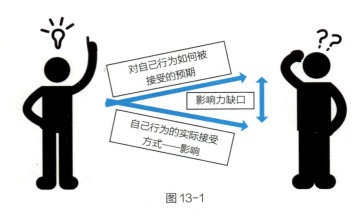

图 13-1

鉴于绝大多数情况下我们都会按照本能进行交流，因此，了解我们交流的内容和方式很有意义。这样，我们的交流造成的影响就能匹配我们的意图，我们就拥有了积极的影响力，以便让所有人都获得一个更好的结果。

> 尚蒂（Shanti）是一家呼叫中心的团队领导，她遇到了一些家庭问题。她的不开心影响到了她跟员工的交流，团队中的氛围也因此而改变。她的行为带来的冲击对团队产生了负面影响，而他们的绩效从最高之一变成了最低之一。最终，她的老板意识到了这一问题，（谨慎地）让她在自己家里的问题解决之前暂时离开这一职位。在一位新领导的带领下，该团队的绩效很快得到了改善。

交流过程

交流的意义在于交流对于听众的影响以及听众对您的输入的回

应——您使用的言语、讲这些话的方式、语气以及肢体语言。您的言语、语气以及肢体语言传达的信息应该一致。否则，人们可能会更注意您的语气和肢体语言，而非您使用的言语有些什么含义。[1]

利用"输入－过程－结果"这一模型可以很好地思考如何跟他人进行交流（见图13-2）。

图 13-2

在这一过程的任何阶段，情况可能正常也可能出问题。我们的输入造成的影响以及我们在该过程中的互动方式都可能带来并非本意的结果。神经语言规划（NLP）中有种说法，即"所有的交流都是有意义的，无论您是否喜欢这一意义"，"交流的意义就在于其获得的回应！"[2]

该进程大半都在您的控制之下——设定您希望的结果，选择您的言语、语气和肢体语言，建立默契，以及平衡表达自己的立场与了解对方的立场两者之间的关系等。这些都会影响到您能否获得预期的结果。

设定结果

开始交流之前就要想好结果。对任何一次交流来说,您都要明确自己希望得到的结果:

- 您希望实现怎样的目标?您希望自己的交流能带来怎样的改变?您为何进行这次交流?
- 您如何得知目标是否已经实现?
- 看到、听到、想到或感觉到什么会让您认为自己已经实现了目标?

您还应当考虑一下您的观众希望看到怎样的结果?设身处地地反思一下:

- 他们希望从本次互动中获得什么?
- 本次互动对他们有什么好处?
- 哪些东西可能让他们参与进来?
- 如果您站在他们的立场,您希望听些什么?

使用这一方法,即便一场明显无关紧要的交流也能得到改善。举例来说,您可能打算给独自在 100 英里之外生活的上了年纪的母亲打个电话。您想打这个电话或许是因为您想确定她是否安然无恙或希望表明自己很关心她。通话期间,出了点问题,你们有了小小的分歧,打完电话后双方都不太开心。这一情形听起来熟悉吗?那并非您本来希望的结果。打电话之前花几分钟的时间提醒一下自己打这次电话的原因是什么、您的母亲可能希望从这次对话中得到什么，这样您就更有可能实现本次通话的目标。

头脑中已有的意图将左右您要说的内容以及您说话的方式，从而带来一个更好的结果。下次打电话时您可以这样试一下。

言语

您的语言应该简单、直接、富有感染力，使用主动语态要比被动语态更有效："我来订火车票"而不是"火车票由我来订。"

尽量吸引对方的感官，尤其是视觉、听觉、触觉以及情绪（更多内容见下一章）。谈一下您的感受，也要谈一下您的想法。使用正面语言和形象——描述您希望的东西而不是您不希望的东西。举例来说，如果您打算节食，不要把目标定为"减肥"，把目标定为"看起来更苗条、更健康"会让人更有动力。这提供了一种积极的未来视野，一种您能为之努力而不是远离的东西——专注于获得而非痛苦。

语气

对不同用词的重读以及您的语速同样能够承载意义。重读不同的词，"我没说他偷了你的钱"这句话可能会有不同的意思。您可以试试每次重读不同的词。

考虑一下您的信息中的关键词、您希望人们记住的词汇，确保您重读了这些词汇，让它们容易被人记住。政治家使用各种口号来简化他们的信息，这些口号可能非常有效。善于交流的人能用几个精心选择的短语传递他们的信息。新闻标题用聊聊几个词就能传递大量信息。

善于交流的人会：

- 变换他们的语气。
- 变换演说的速度。
- 重读关键词以赋予其意义。
- 停顿并用沉默以聚焦注意力。
- 将声音投向相关人群。
- 说话时充满激情。

肢体语言

进行交流时要留意自己的肢体语言以及其传递的信息。

为了树立一种积极的形象，您应该：

- 采取一种放松但灵敏的姿势。
- 端正并放低双肩。
- 用腹部呼吸而不是用胸腔呼吸。
- 不要用手拨弄什么东西。
- 跟观众进行眼神接触。

建立默契

无论在工作中还是工作外，如果希望跟什么人好好相处，我们都需要跟他们建立默契。匹配他们的能量是一个建立默契的良好开端，因此，如果对方看上去活力四射或者寡言少语，那么匹配上他们的语速、语气、面部表情、手势和姿势会很有用处（不过，不能太过头，否则会让对方觉得您在嘲弄他们）。一般来说，我们进行这种匹配和镜像（mirroring）都是下意识的——如果您跟某人建立了默契，很可能您会表现出与对方相似的姿势和动作。

寻找共同点是建立默契的一种良好方式。这种共同点可能包括工作外的共同兴趣（运动、孩子、爱好等）或有关工作的某种一致看法。如果您已经跟对方建立了一种关系而且你们之间有一些共同之处，向对方表示不同看法也不太容易惹怒对方。

留神某人对您所说内容的反应，能让您看到对方接收到的信息是否符合您的本意。如果他们的反应让您感到惊讶或困惑，那就表示他们并未按照您预期的方式解读您的交流。

建立信任

通常，在人际关系中，信任的培养是需要时间的。如果人们彼此信任，他们可能更多地吐露自己的真实想法和感受，而这又进一步增加了他们之间的信任度。然而，以这种方式更多地表露自我同样也有风险，因为对方或许并不会投桃报李或同意您的看法。

图 13-3 展示的是人们愿意谈论的东西如何影响人际关系的质量。大部分交流发生于较低的层面：你好吗？昨晚的电视看了吗？足球比赛看没看？我们往往对表达自己的观点和看法非常谨慎（我打算把票投给某某，我希望看到更多的绿色能源），对于表露自己的感情更是如此。随着人们从谈论事实和主意上升到更多地表露自

己的感情和价值观，风险等级会逐渐升高，不过信任和承诺的等级也会升高。因此，如果您希望建立信任，更多地表露您自己的感情、价值观和信念会促使人们信任您。

来源：Powell J。[3]

图 13-3

积极倾听

人们可以通过点头和眼神接触来显示自己正在倾听，但有时候他们的回应会向您表明他们并未真的在听您说的话。真正的积极倾听不仅包括显示您正在倾听的体征（眼神接触、点头和发声），也包括回顾、总结对方说过的话以表明您已经听懂了。

输出与输入

我们常常认为跟他人交流就是告诉他人我们的想法而并非询问对方的想法。经济学家 J.K. 加尔布雷思[4]（J.K.Galbraith）对此总结为："在改变想法与证明无此必要之间进行选择时，大部分人都忙于寻找相关证据。"真正的交流一定是双向的，每个人都愿意改变自己的想法。交流中的相互妥协被称为倡议（人们如何陈述己见）与询问（人们如何提问）。⁵ 高质量的倡议与询问有利于了解彼此的观点，并以协作的方式解决差异。

图 13-4 展示了低水平的输出与输入（左下角）和高水平的输出与输入（右上角）的行为。

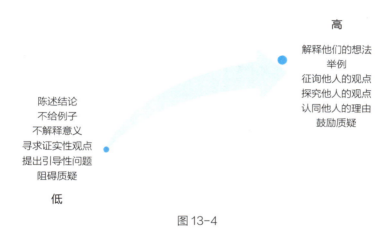

图 13-4

计划要讲的内容

对交流进行计划或许听起来有些奇怪。毕竟，我们一直在进行交流，而且通常交流时不会加以思考。不过，这正是问题所在——我们的交流常常达不到自己想要的结果，而提前思考会带来很大的不同。您可以使用以下模板对工作中或家里的任何一种交流（一次通话、一次团队通气会、一次有关项目进展的对话、一次绩效讨论会等）进行计划，见表 13-1。

表 13-1

您希望通过本次交流获得怎样的结果？您希望本次交流能带来怎样的不同？
您如何得知已经实现了自己希望的结果？
您会看到、听到、想到或感觉到什么？他人会怎么说、怎么做、怎么想或有何感受？
您会说些什么？为了吸引观众以及清晰地描述相关话题，您会使用怎样的开场白？
考虑一下观众可能希望从本次交流中获得什么。他们可能会提出怎样的问题或反对意见？他们对于该问题的视角是什么？
您要传达的要点是什么？您如何进行传达？

（续）

您希望用自己的语气传递怎样的情绪？哪种风格能够传递这种情绪？
哪种面部表情、姿势和语气符合这一信息？
这一互动怎样结束才算成功？您如何结束本次互动？

山姆（Sam）不得不跟本公司一位新任命的经理一起参与某个关键项目，但那位经理来自美国分部，因此双方不可能面对面地开会，双方能重合的工作日很少。该美国经理是一位女性，这让山姆对两人的会面更加忧虑，他担心自己无力通过对她加以影响以获得自己所需要的东西。他安排了下周跟她的虚拟会议但并未做任何会议计划。我们用上述模板聊了聊他的方法。

我们讨论之前，他没考虑过自己希望从这次会议中具体获得哪些东西或如何获得那些东西。他是那种沉默寡言的人，具有领航者风格，开会时一般都不会主动发言。因此，我们先探讨了一下怎么开场，其中包括设定相关目标。我们排练了一

> 遍，他听取了我有关他的语速、语气和肢体语言的反馈后进行了改进，以便产生更为积极的影响。他发现考虑一下那位经理可能希望从这次会议中得到什么以及从她的角度看这次会议怎样才算成功也很有帮助。我们讨论了如何让这次会议有一个积极的收尾。
>
> 几周后，我们再次会面时，他很开心地告诉我会议进行得非常顺利，而且他打算在其他交流中继续使用该计划模板。

积极影响

关于如何影响他人，每种风格都有一个特定的专注点，这些风格的能量会对他人造成一种影响。了解您在影响他人方面的优势能提升您的自信，意味着您可以有意识地发挥自己的天赋。了解每种风格的隐患意味着您可以避免自己身上的这些隐患，并对他人身上的这些隐患做出建设性的回应。表 13-2 和表 13-3 列出了每种风格的优点和隐患。

表 13-2

您如何确保将自己在积极影响和冲击方面的优势最大化，同时避免可能的隐患？您能如何改变？

第十三章 积极影响的策略

表13-3 影响力优势

	领航者	倡导者	激励者	合成者
如何影响	通过推动某个行动方案实施加影响 专注于为实现相关目标而定义过程 冷静的交流风格 让他人参与以确保计划不脱轨	通过推动有结果的行动施加影响 明确专注于目标，及时消除障碍 直接的交流风格 围绕目标跟同事建立默契	通过推动参与施加影响 为任务带来活力和热情 说服式交流风格 鼓励他人，让他人参与，以获得认同	通过推动最佳结果施加影响 为任务带来相关信息和意见 耐心的交流风格 倾听他人、支持他人，以实现目标
对他人的积极影响	创造了一种井然有序的氛围 能量集中于推动团队按行动方案行事 将项目和团队维系在正轨之上	创造了一种引领氛围 执着的能量可以推动团队完成任务 有助于取得成就	创造了一种有亲和力的氛围 投入的能量推动团队前行并致励合作 通过获得认同提升他人的投人程度	创造了一种民主氛围 平易近人的能量，从团队中获取信息 尽可能多地搜集相关信息，有助于规避错误

（续）

	影响力隐患			
	领航者	倡导者	激励者	合成者
可能的隐患	过于专注于过程和风险，可能导致无法专注于任务 可能显得拖拉或被过程左右 可能显得不愿意考虑其他选项 可能显得决策不够灵活	可能由于未能全面探索相关选项而无法实现最佳结果 可能不考虑所有可能的选项和方法 可能忽视跟他人分享信息 可能在没有获得认可的情况下过早地做出决定	可能因为拉进来太多人而无法专注于任务 可能花了太多时间和精力去征求所有人的意见 可能看不到实现所需要的行动 决定和行动计划不够明确	可能因为想要太多信息而需要花费太多时间才能实现相关结果 可能考虑太多选项和方法 可能在此后的过程中添加信息 他人可能不清楚相关决策过程
可能对他人造成负面影响的行为	可能忽略跟他人打招呼或聊天 互动时可能显得缺乏兴趣和热情 可能不会同他人问题而让选项受限 如计划被无视或得不到支持可能退却	可能不听同事的话或忽视他们的感受 可能不会花时间建立默契 可能提出不必要的建议，显得摆架子 如果没有任何行动，可能显得不耐烦或具有侵略性	可能说得太多导致他人无法表达自己的观点 如果别人没热情可能会气馁 可能会妨碍同事表达自己的关切 在鼓动他人时可能会把环境弄得乱糟糟	可能显得忽略他人的意见，让他人觉得被贬低 自己可能不清楚想让别人做什么 可能会避免问一些挑战性的问题 可能太迁就他人，让人觉得软弱

第十四章
有魅力的交流

杰出的领导力需要借助于情绪得以实现。
——丹尼尔·戈尔曼[1]

情绪存在于我们所做的任何一件事情之中。虽然说我们的大脑"时时在线"或者"像程序一样精确",但人并非计算机。我们的行为体现了一系列纷繁交错的习惯、想法、感受、价值观、信念和态度。涉及这些方面,尤其是涉及我们情绪的交流要比那些只涉及理性的交流要有效得多。想想一位经济学家可能如何使用非常理性的方式解释事实和数字,再跟一位政治家如何使用相同的数据激发听众的情绪比较一下。

有魅力的交流既能激发人们的理性思维进程,又能激发人们的情绪。曼彻斯特大学的粒子物理学教授布莱恩·考克斯(Brian Cox)是一位有魅力的交流者。无论在电视上还是在现场,他解释相关概念和数学公式的方式都能使他跟观众建立联结。他在2017年进行的英国巡回演讲吸引了成千上万人,观众中理解相对论的人寥寥无几,不过他们都会主动地花时间听他演讲。这是因为他不仅能够通过词汇的选择、语气和肢体语言表达自己的情绪,而且也能调动观众的情绪。他的敬畏感和热情让观众着迷,而且也激发了观众自身产生类似的情绪。

为了让自己跟他人的联结充满魅力,我们需要留意自己的情绪，具备管理自己情绪的能力，从而带来我们预期的影响。我们也需要留意情绪对他人行动和决定的影响。

在本章中，您可以学会如何在不同状况下调整自己的行为，从而激发人们的理性思维以及情绪、内在动机和信念。

尽力与服从

我们知道，要让他人尽力而不只是服从，您需要能够调动人们的情绪。理性解释或许可以带来服从（他们按您说的去做），激发他人的情绪可以带来承诺（他们按照自己的心念去做）。灾难会让人专注于人类悲剧，这就是圣诞节期间的反酒驾宣传会展示伤者图片而非统计数字的原因。

研究表明，当人们下决心购买某物时，如果他们的思维中逻辑达到了80%而情绪达到了20%，他们就会进行购买。[2] 不过，真正购买时他们的决定中占80%的是情绪而逻辑只占20%——他们按照本能行事。人们基于自己的情绪进行选择，我们所做的决定往往出于下意识，然后我们会使用自己的意识向自己证明该决定的合理性。如果您有一只狗，想一想您为什么会选择这只狗。以理性的方式对各种因素进行衡量后，有可能是某些情绪因素促使您做出了最后的选择。同样，想一想您最终购买的汽车——在决策过程的最后关头是什么让您做出了该选择呢？

情绪在决策中扮演了非常重要的角色。神经科学家认为情绪和思维"完全交织在一起"，[3] 其中（我们自己的或他人的）情绪为我们提供了决策所必需的信息和洞察力。大卫·伊格曼（David Eagleman）[4]引用了一个受过脑损伤的女性的例子，这位女性的理性和情绪系统发生了脱节。结果，面对不同选项时她无法做出选择，例如在超市无法选择购买哪种奶酪。对她的理性系统来说，那些信息太多，她没法权衡后做出选择，而且由于她的情绪系统无效，她感觉不出哪种选择更有价值——她没法让自己在意该选择的东西。决定包括理性成分也包括情绪成分。想一想您投票时的情况，有可能您的某些选择就是基于您的内心感受。

在工作中，人们会根据自己跟经理、同事的友好关系以及对工作、公司的投入程度（有意识地或下意识地）来选择付出多少自主决定的努力。您可以通过转换自己的能量和交流方式，从而以一种高情商的方式跟他人建立联结——领会并调动他们的情绪以及了解您自己的情绪并对其加以管理，最终影响与您相处的人的友好关系，影响他们的尽力程度而不只是服从程度（见图14-1）。

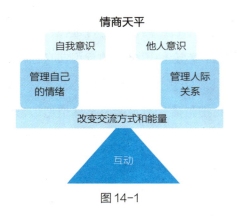

图14-1

当您通过交流调动他人情绪时，他们会更加尽力，而您也可以让所有人都获得一个更好的结果。

管理您自己的情绪和心情

情绪和心情都具有感染性。要成为一名有魅力的交流者，第一步就是要清楚您自己的情绪并对其加以管理。这是情商的一个关键组成部分（情商天平的左端）。不过，人们往往很难得知自己大脑中的情形。我们的行为大多都受到无意识进程的驱动——我们会在未形成有意识想法的情况下基于某些自动模式做事或说话。即便我们清楚自己的想法或感受，我们也常常无法解释自己为什么会有那样的思维或感受。我们可能感到很开心，但不知道为什么那么开心。我们会把微笑跟开心联系起来，但是，我们微笑是因为我们开心还是我们开心是因为我们正在微笑呢？大脑中的情绪以及身体的活动，哪一个出现得早呢？人们建议在呼叫中心工作的人在打电话时保持微笑，即便客户看不到他们。人们认为，跟微笑关联在一起的情绪会体现在他们的语气之中，能让他们以更积极的方式处理客户的问题。

当您准备进行交流时，您可以自己创造一种乐观的心情，这有助于您在跟您进行交流的人身上创造一种正面的情绪状态。

管理您的心情可以分为三步：

（1）设想自己正在进行成功的交流。为此，想象自己正处于该情景之中，观察其中的自己，看看您的穿着、站姿或坐姿。接下来，慢慢地思考您正在做的事情或正在说的话、自己的想法和感受、您具有什么技巧和素质、在此情形下什么东西对您非常重要以及您此次交流的目的是什么。这有助于您顺利地完成跟朋友或同事的对话。

另外一种方法就是回想一下您某次成功交流的经历，然后把相同的问题再思考一遍。您当时做了什么、说了什么、当时有些什么想法和感受、当时表现出了怎样的技巧和素质——这样在有需要的时候您就可以重建同样的乐观心情。图 14-2 来自神经语言规划（NLP）[5]，为您展示了相关步骤。

图 14-2

（2）听听您自己的积极自我对话。通过提醒自己您所做交流中积极的方面来树立自信非常重要。我们的想法会影响我们的情绪，我们的情绪又会影响我们的行动方式，这些都会影响我们获得的结果（您可以用 TEAR 作为您的助记符号）。

想法（Thoughts）→ 情绪（Emotions）→ 行动（Actions）→ 结果（Results）

当我们因为某件事情感到紧张或担心时，往往会产生自动消极想法（ANTS），会感到忐忑不安、双手抖动、声音颤抖。这意味着我们传达信息时不够自信,而人们注意到这一点后会导致我们缺乏说服力。在大多数情况下,我们的消极想法不合乎逻辑、不现实,当然也不会有任何用处。

进行交流之前,将这些自动消极想法重塑为积极想法,这样您就会感到更乐观、更自信。这会体现在您的声音和肢体语言之中,其结果是您会拥有更大的影响力。

表 14-1 是一个在准备求职面试时如何运用积极自我对话的例子——消除左栏的消极想法,专注于右栏的积极想法。

表 14-1

可能的消极想法	积极的自我对话
我没有做这份工作的技巧	我有做 ×× 的技巧
他们已经选好聘用谁了	我的机会跟其他人一样多
听说这里很难进	我知道有些人进了这里
竞争肯定很激烈	这份工作很受欢迎
其他人的经验都比我强	我有一些相关的经验
他们不会喜欢我	我是一个被人欣赏的人
我会很紧张	我会很享受
我肯定答不上来他们提的问题	我为很多问题做了准备
我肯定考不过	我参加过很多测试,谁都犯过错
我不知道该穿什么衣服	我要问一下这里的穿着规范

这一将消极想法转变为积极想法的技巧对于管理自己的情绪从而创造一种更乐观的态度很有价值。它会让您有更好的表现,同时对跟您进行交流的人产生一种积极影响。

(3)重温您曾有过的自信、放松心情——回想一下当时的感觉,重新体验一下您当时的感受,感受乐观的心情。

人的身心是有联系的,因此,了解自己的身体是管理您自己的情绪的一个重要方面。身体会告诉大脑我们有怎样的心情,反之亦然。对您的身体和能量进行管理,让自己放松下来,就像您正拥有积极的感受那样行事,在精神上您就会感到非常积极。

哈佛大学的研究员艾米·卡迪(Amy Cuddy)[6]将身体姿势分为"高能"和"低能"两种姿态。总的来说,高能姿态非常开放和放松,而低能姿态则对外封闭且充满戒备。最有名、最有用的高能姿态又被称为"神奇女侠"姿态,为了摆出这个姿态,您要挺胸抬头,双手放在臀部。卡迪建议我们,为了带着一种自信的精神状态开始新的一天,每天要保持这一姿态两分钟(在隐私场所)。这一姿态不一定适合所有人,不过非常值得一试。

了解自己的身体当前的状态后,您就可以采取一些针对性的行动。如果您感到紧张,您的呼吸会发生在胸腔的上部,浅而急促。为了缓解这种紧张,您可以利用腹部进行深呼吸。有时候这种呼吸被称为腹腔呼吸,常被用于有关正念的课程。这种呼吸能让神经镇定下来,让人处于一种更机智的状态之中。

表 14-2

与人进行交流时回想一下曾有过的放松而自信的经历。您当时做了什么,说了什么?您当时的想法和感受如何?

这三个步骤能让您成为一名更自信的交流者，使您能带来更大的影响力。

交流情绪

无论有意还是无意，我们都会交流情绪，而且无论我们希望与否，人们都会注意到这些情绪。因此，您应该考虑一下自己希望传达的情绪。

试试通过您的语气和肢体语言来交流不同的情绪（见表 14-3）。

表 14-3

从表中选择一种情绪（前六种是基础性的、人们公认的情绪）。从本书中选择任何一个段落，用跟您选择的情绪相匹配的语气和肢体语言把它读给别人听。他们能猜对您的情绪吗？您的语气和肢体语言怎样将该情绪传达给了他们？		
情绪	您做了/说了什么	他们看到/听到了什么情绪
愤怒		
悲伤		
厌恶		
开心		
惊讶		
恐惧		
热情		
平静		
内敛		
有条理		
体贴		
活跃		
耐心		
果断		

现在从表 14-3 中换一种情绪。这一次，不要说话，按照跟这一情绪匹配的方式做出这一行动，就像拿起一杯水再把它放到桌子上一样。观察者能够准确地猜出您要交流的情绪吗？您的哪些面部表情、动作或身体姿势向他们传达了这一情绪呢？

表 14-4

您的学习要点或活动包括哪些呢？

了解自己的情绪及其传达方式能够影响您的行为能否在观众之中激发积极的或消极的反应和情绪。如前所述，这样做是为了确保您对他人的影响能够匹配您的意图以及在他人身上创造一种积极的情绪状态。

调整您的风格以吸引和激励他人

以下部分包括如何根据您希望实现的目的、互动者的风格和状态以及该交流进程的阶段来调整您的风格。

根据目的调整您的风格

您无法改变他人的行为，您只能改变自己的行为。不过，您可以利用能带来您所希望结果的情绪进行交流，从而影响他人的行为。考虑一下您跟他人交流时对方的感受——务必设身处地。您希望对方有怎样的感受？无聊、紧张、愤怒还是困惑？或者，好奇、自信、放松还是头脑清醒？为了引发积极的情绪，在您所传递信息的内容和方式方面您需要做些什么？（如前所述）管理您自己的心情是第一步。

　　选择最适合您目的的风格，有助于让他人产生积极的情绪和回应。举例来说，遇到应激事件时您很可能会采取倡导者风格——动作麻利、发号施令、散发出一种紧迫感。人们的回应很可能会匹配您的节奏，采取快速的行动。同样，当就某个复杂的话题进行深入讨论时，您很可能会采取合成者风格——开放、体贴、容易接触，创造一种协商的氛围，让他人做出更加审慎的回应。如果您希望让他人表现出热情，激励者风格——说服力强、带动他人、表达充分——就比较合适。为了让他人做出有所控制的、慎重的回应，领航者风格——镇定、有条理、稳定——或许是您的最佳选择。通过这样转换您的能量，您就能够影响跟您进行交流者的情绪和心情，这有助于您获得您希望的结果并得到他们的承诺。

　　当您采取另一种风格的动作和能量时，您会感觉自己拥有了那种风格而且可能体验到相同的内在动力。如果您希望看起来自信，就采用倡导者能量——语速快、动作迅速、专注地向着目标前进，您会感到自信。如果您希望看起来平易近人，就采用合成者能量——放慢速度、引入暂停、看起来十分放松而友好，而且会倾听对方的话。

　　关于每种风格的身体和言语特征，可参看第三章的表格（或附录表2）。您可以用一种不同的风格进行交流，对它们逐一加以尝试。有关如何调整自己的风格跟具有每种风格的人建立默契的具体建议，请参看第九章至第十二章。

根据对方调整您的风格

除了管理您自己的情绪，要成为一名有魅力的交流者，您还需要了解他人的情绪并能够灵活地予以回应——即情商天平的右端。表 14-5 对每种风格的内在动力和压力源进行了总结。

表 14-5

	内在动力	压力源
领航者	为了针对如何实现相关目标做计划 "我需要一份行动方案"	如果不知道可能发生什么事情，他们可能会感到十分苦恼 别人可能会觉得他们不够灵活
倡导者	快速开始执行任务 "我需要有结果的行动"	如果一事无成，他们可能会感到十分苦恼 别人可能会觉得被催着做事情
激励者	让所有人都参与进来 "我需要大家的协作"	如果他们自己或别人没能参与其中，他们可能会感到十分苦恼 别人可能会觉得情况很乱
合成者	对有关完成相关任务的所有选项加以考虑 "我需要实现最佳结果的信息"	如果没有足够的信息、时间或认同，他们可能会感到十分苦恼 别人可能会觉得太耗费时间

如果您能领会到跟您进行交流者具有哪种风格，您就能洞悉他们的需求，进而以一种能帮他们实现其需求并避开其压力源的方式予以回应。有关如何帮助具有某种风格的人实现其需求，请参看第九章至第十二章。

某大型公用事业公司的资深科学家们希望提高职员的敬业度。我们研究了如何开发这些科学家们的先天风格，使他们成为更好的交流者。

这六位科学家都具有回应式（内向性）偏好，他们有一些趋同思维，都倾向于将其他风格视为有问题的风格。对于这些风格的了解让他们确切地意识到了他们对别人的影响（积极的和消极的），并获得了一些有关如何采用更外向、更吸引人的方式跟自己的团队建立更好的联结的实用指导。其中一位科学家意识到，把自己的桌子转过去，以后背朝向走近自己的任何人，这样做就等于竖起来了一个交流障碍，而把桌子转过来很快就能让他变得平易近人。

他们制订了一个行动方案并改变了跟自己团队的互动方式。这使他们在随后的雇员意见调查中的雇员敬业度得分从72分上升到了86分，而当时该公司的总体敬业度得分出现下滑，这一结果让他们非常高兴。

根据对方的状况调整您的风格

有时候您需要根据与您交流者所处的状况来使用不同的风格和方法。

"技巧/意愿"矩阵（见图14-3）是一个非常有用的工具，根据某人的尽力程度（意愿）和能力高低（技巧），它可以帮您判断哪种风格对于影响某人的行动最为有效。这同样适用于工作中的同事以及家人。

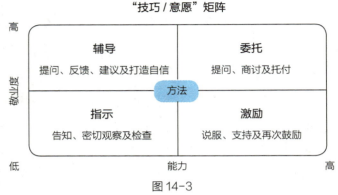

图 14-3

您可以根据某人在以上矩阵中的位置采取不同的风格：

- 对于某个敬业度低且能力低的人来说，直来直去的指示法可能比较合适，能让他们弄清楚该做些什么以及如何去做。在这种情况下，倡导者或领航者风格可能是最有效的风格。
- 对于某个敬业度低而能力高的人来说，激励法可能比较合适，能让他们对任务精神焕发。在这种情况下，激励者风格可能是最有效的风格。
- 对于某个敬业度高而能力低的人来说，辅导法可能比较合适，能让他们弄清楚在完成任务方面如何建立自己的自信。在这种情况下，合成者风格可能最为有效。
- 对于敬业度高且能力高的人来说，委托法可能最合适，这样他们就能用自己的方式开展工作。

对于每种风格而言，每种方法都有各自的优势和隐患。倡导者风格对敬业度低且能力低因而需要指示法的人非常有用。然而，对于一个充满动力、更希望通过接受辅导来帮自己弄清楚应该主动做些什么而不是被指示的人来说,倡导者风格可能就完全是一条岔路。如果您具有合成者风格,倾听及耐心对待团队成员对您来说可能是自然而然的事情,需要辅导方法的时候这种风格就非常合适,但这种风格可能缺乏效率,某个因为缺乏动力而表现不佳的人可能会觉得这种风格软弱无力。

重要的是,您要清楚自己何时需要调整自己的先天风格,表现出另一个风格的特征以适应当时的情形。

表 14-6

考虑一下您自己的风格,弄清楚您对自己希望影响的人可能需要采取的方法具有哪些潜在的优势和隐患。为此,您可能需要回头参看一下有关您自己风格的相关章节。

方法	可能的优势	可能的隐患
指示法		
辅导法		
激励法		
委托法		

根据交流的阶段调整您的风格

在交流的每个阶段,每种风格都有其优势和特定的隐患。在交流的每个阶段采用合适的能量将会使您更具影响力。

- 倡导者的优势可能是在会面之初设定目标,而其隐患可能是在还未对相关话题进行充分探讨之前就终止相关讨论。

- 领航者的优势可能在于建议某个行动方案，而其隐患可能是对建立默契的忽视。
- 激励者的优势可能在于激励行动的动力，而其隐患可能是对于可实现目标的看法不太现实。
- 合成者的优势可能在于其能够带来很多信息，而其隐患可能在于其可能推迟决策。

表 14-7 列出了交流的每个阶段通常会发生些什么。

表 14-7

考虑一下您的风格何时会在该交流过程中具有优势、何时可能带有隐患以及何时采用一种不同的风格会更有成效。			
阶段	行动	您的优势	您可能面临的隐患
开始	建立默契 厘清目的 设定目标		
探讨议题	找到事实 审查证据 考虑大局		
评估选项	就选项集思广益 与他人讨论 心胸开阔 提出问题 提出建议		

（续）

阶段	行动	您的优势	您可能面临的隐患
做出决定	为决定设定标准 评估选项 做出决定		
同意行动	设定目标 规划活动 评估风险及意外事件		
激励行动	就决定和行动进行交流 密切关注结果		

表 14-8

您会采取什么行动以成为一个更有魅力的交流者？

第十五章
权力与魅力

坐在格莱斯顿旁边吃完饭,离开时我觉得他是全英格兰最聪明的男人。但是,当我坐在狄斯累利旁边,离开时我觉得自己是最聪明的女人。

——兰道夫·斯宾塞-丘吉尔夫人
（Lady Randolph Spencer-Churchill）

第十五章 权力与魅力

用谷歌搜索一下"有魅力的人",会出现巴拉克·奥巴马(Barack Obama)、玛格丽特·撒切尔(Margaret Thatcher)、理查德·布兰森(Richard Branson)、奥普拉·温弗瑞(Oprah Winfrey)等名字。不过,并非只有公众人物才有魅力——任何人都可能很有魅力,即便他们并没有正式职权。魅力是能够吸引他人者具有的一种特质,来自于他们的行为和内在动机。而权力往往来自于某人的职业或职位,是一种能够影响他人行为的能力。

拥有权力和魅力的人能够影响他人,要么因为他们拥有正式权力,要么因为他们拥有让他人追随的魅力。

在本章中,我们将探讨一下是否某些风格天生就比其他风格更为强大,以及具有每种风格的人怎样才能利用他们的天赋变得更有魅力。首先,我们看看权力从何而来。[1]

权力的来源

权力往往源自某人的职务或职位,这被称为"合法"权力或职权。在组织内部,某人的等级越高,他就越可能拥有凌驾于他人之上的权力。工作之外，人们可能因为自己的角色而拥有权力，例如作为父母。

拥有职权能使您行使两种形式的权力——奖励权（胡萝卜）和强制权（大棒）。给自己的孩子金色五角星或训斥孩子时，父母就会行使这种权力。某些组织的经理可能以类似的方式进行激励或惩罚。权力的另外一个来源在于对信息或资源的把持。

有两种权力源于人们自身而非他们的职位——专家权和参照权。有些人被视为某些议题方面的专家，其他人听从他们的观点。参照权源自某人的个人品质及人际关系。人们认为具有参照权的人吸引人、值得尊重而且有权受到尊重。人们崇拜他们，这使他们很有影响力。实质上，参照权就是一种魅力。

拥有权力或魅力意味着您对他人或事具有或好或坏的影响，因此还要考虑其道德维度。米尔格拉姆实验[2]说明了职权对他人行为的影响。研究人员发现，很多人会按照权威人士的指示处理让他们震惊不已的事情。

被权力需求驱使的人行使自己的权力时可能带有对他人比较积极的意图——"社会化"权力动机[3]，也可能只为自己牟利——"个人化"权力动机。在第二种情况下，人们将权力本身视为一种目的、一种个人特权，他们可能非常冲动，基本没什么自控力或自我怀疑；而具有"社会化"权力动机的人会把权力作为一种为所有人实现其渴望目标的手段。有趣的是，似乎存在一种"权力悖论"[4]：表现出同情心和热情、帮别人解决问题的人会获得权力，但他们一旦掌权好像就会失去这些品格。

有没有权力可能还跟阶层、种族和性别有关。人们对这种权力的行使或体验往往是下意识的，而且难以察觉。雷妮·埃德多·洛奇（Reni Eddo-Lodge）[5]认为"种族主义已经深入我们这个世界的骨髓"，而研究性别平等的研究人士也经常谈到妨碍女性进步的"无形限制"。[6]

权力与风格

有些风格看起来好像天生就更加强大。倡导者风格具有主动式和指令式语言偏好，他们给人的印象是自信、果断和坚定。他们的"命令加控制"风格以及把事情做好的冲动非常符合我们对于领导人的模式化印象。如果有这种风格再辅以其他权力来源，如等级制度中的高位，倡导者风格可能成为一股强大的善或恶的力量。

合成者风格并非我们有关领导人的模式化印象，不过有一些非常成功的领导人确实具有这种风格。手握权力而又具有合成者风格的人可能显得比较软弱，因为他们的风格并不符合人们对领导人的期待。这意味着如有必要他们必须想办法在讲话时表现出权威性，例如，主动发起交流并采用一种更具指令式或更坚定的风格。

具有激励者风格的人在交流中十分积极主动。像倡导者一样，他们往往非常引人注目、忙着跟他人接触和攀谈，因此这给了他们一个拥有对他人的强大影响力的起点。领航者和合成者具有回应式偏好，他们往往更专注于内心、话不多，而且常常把想法和感受都放在心里。这意味着他们对他人没有那么大的影响力，因此他们不得不有意识地多进行言语上或非言语的交流以便产生更强大的影响。

更喜欢使用指令式交流而非启发式交流也会影响他人对权力的看法。具有指令式偏好的人（倡导者和领航者风格）很喜欢告诉别人该做些什么，人们往往觉得他们比具有启发式偏好的人（激励者和合成者风格）更胜一筹也更强大，而后者更喜欢提问和解释，可能会被人认为低人一等。这意味着如果具有激励者和合成者风格的人想给人留下更强大的印象，他们就必须想办法在词汇选择、语气和肢体语言方面更为坚定。

> 具有倡导者风格的江（Jiang）领导着一个人力资源经理团队，其团队成员绝大部分都具有激励者风格。他们都认为江的优点在于为了实现目标而进行的组织、澄清和指示。他处事果决、直击要害。这些特点，再加上他是老板这一事实，意味着他的团队常常觉得表达异议或建议其他途径没有任何意义。他们没有参与感（对激励者来说这是一个关键的激励因素），而江也知道他们有时候会三缄其口，不为他提供他需要的主意或选项。通过有关他们不同风格的公开讨论，江开始调整自己的风格，放慢速度、倾听并鼓励团队成员发表意见。他的团队成员感到获得了他的允许，在表达自己的观点时可以更加坚定。
>
> 认识到自己在工作室具有合成者风格后，安迪（Andy）决定"更经常、更直接地说出自己的想法，讲话时更坚定、更

自信一些"。两个月后，他对这一行为改变的结果做出了以下描述："我明确地发出指令，别人都能接受。大家也开始对话了，以前这是不可能的事情。我们从中获得了额外的信息，而大家感觉彼此的关系都得到了改善。"

每种风格带来的权力印象会因为性别而变得更加复杂。一般来说，人们认为女性没有男性那么强势，在某些情况下，她们的风格或许跟这种看法有关。具有指令式风格的倡导者和领航者的男性可能较多，而具有启发式风格的激励者和合成者的女性可能较多。这往往符合我们有关男性专注于任务而女性专注于人这样一种针对性别的模式化印象。激励者或合成者风格的女性具有双重劣势——她们不仅是女性，而且她们的风格被视为低人一等。激励者风格符合我们有关女性行为的社会规范——话多而且喜欢扎堆，为了显得强势，具有这种风格的女性可能需要有所收敛，不要那么喜欢聊天。具有合成者风格的女性可能需要更坚定一些、少些迁就，才能展现权威的一面。具有倡导者或领航者风格的女性的问题正好相反，人们往往觉得她们喜欢发号施令，而具有这些风格的男性却被视为坚定和自信。

每种风格的核心信念、动力和才华方面都有其先天权力基础。坦然面对自己的风格构成了对他人具有强大影响的坚实基础。不过，不要无视借助其他风格的某些行为来完善您自己风格的需求。表15-1列出了每种风格可能会遇到的陷阱以及相关规避方法。

表15-1

	领航者	倡导者	激励者	合成者
权力基础	相信努力超前思考如何实现目标是有价值的 专注的能量 指令式语言果断 有条不紊、深思熟虑的方式	相信冒险前行，采取行动或做出决定是有价值的 执着的能量 指令式语言果断 引人注目，喜欢交流 命令加控制的方式	相信努力让所有人参与进来、都愿意参与是有价值的 参与的能量 主意很多 让他人有参与感 引人注目，喜欢交流 活力四射的方式	相信花时间整合、折中大量相关信息是有价值的 平易近人的能量 知识和信息的源头 咨询他人、获得他们的意见 支持性的方式
可能会遇到的陷阱	交流不够 显得不够灵活	喧宾夺主 显得喜欢发号施令	话太多，点子太多，别人不知所措 显得慌里慌张	过于迁就他人或无视他人的看法 显得优柔寡断
相关规避方法	分享看法 愿意改变主张	退后一步，让别人试试——赋权他人 倾听他人	多听少说 决定主要精力应该放在哪里	明确决策的进程 讲话时做到坚定和自信

魅力

魅力是一种权力,来自于外部行为(自信的话语、语气和肢体语言)与内在动机(对于目标真正充满激情)的结合。尼基·欧文(Nikki Owen)[7]认为,魅力等于强大的吸引力加上坚强的性格。奥利维娅·福克斯·卡巴恩(Olivia Fox Cabane)[8]说,具有魅力的人会通过他们的言语或非言语交流展现他们的存在、权力和热情。其结果是为了让他人感觉舒畅,而他人感觉舒畅又意味着他们愿意受到您的影响。让他人感觉舒畅是人们通过学习能够掌握的一种技巧,每个人都可以通过调整自己的先天风格做到这一点。

具有魅力的人拥有:

- 很强的自尊心(见下章)。
- 让他人感觉舒畅的能力。
- 自信的话语、语气和肢体语言。
- 对待自己目标的激情和热情。

让他人感觉舒畅

当我们跟他人互动时,我们会有一些基本的社交需求[9]。我们希望自我感觉舒畅,希望觉得自己:

- 很重要——我们对他人很重要。
- 很能干——受人尊敬。
- 受欢迎——别人喜欢自己。

让我们感到恐惧的事情可能会影响我们的行为：

- 恐惧因为自己对他人不重要而被排斥在外。
- 恐惧如果失败自己会受到羞辱。
- 恐惧如果别人不喜欢自己而被拒绝。

上述都是一些根本性的恐惧，大脑对这种恐惧的体验非常剧烈，它们就像威胁到我们肉体生存的威胁一样可怕，此时战或逃的回应可能会被激活。[10] 一个有魅力的人会让人感到自己很重要、值得尊重、被人欣赏而缓解这种恐惧。因此，您可以通过让他人感觉自己重要、能干及受欢迎的方式行事来发展自己的魅力，同时通过相信自己同样可以维系自己的自尊。

如果没有自尊，您会感到焦虑和自我怀疑，这会使您无法给人留下自信、有魅力的印象。（有关如何打造自尊和自信的建议，请参看下一章。）不要忘记，行为指的是您做的事情、说的话、想法和感受。因此，为了给人留下有魅力的印象，不仅对对方而且对您自己而言，您做的事情、说的话、想法和感受都要恰当。

要开展有魅力的交流，秉持我们很重要、很能干、很受人欣赏而且跟我们交流的人同样也很重要、很能干、很受人欣赏这样的健康信念是一个至关重要的起点。如果他们对您不重要，如果您不尊重或不喜欢他们，这就会影响您针对他们的行为，相应的影响也不会具有魅力。

以下是一些有关如何让他人感觉舒畅的小建议：

- 让别人感觉自己很重要：建立默契、向他们表明他们很重要、倾听、邀请他们参与进来、接纳他们、进行眼神接触、注意他们、不干扰他们、让他们感觉与众不同。
- 让别人感觉自己很能干：提出表扬、避免批评、不要让他们觉得自己错了、询问他们的观点、鼓励他们、不要嘲笑他们。
- 让别人感觉自己很讨人喜欢：通过您的体征表达您的好感、采取开放的和容易接近的方式、微笑、柔和的眼神、表现友好的态度、对他们的担忧表示关注、表现出同理心、询问对方的情况、保持善意。

表 15-2

您可以做些什么以让别人感觉舒畅？

言语和非言语交流

我们都可能具有魅力并让他人感觉舒畅。表 15-3 列出了有魅力者的一些言语和非言语行为。

表 15-3

肢体语言	自信、身体端正 复制对方的肢体语言以建立默契 眼神接触，眼部放松 认真倾听，拿出倾听的样子 让对方安心（点头、肯定），但不要过分，以免显得唯唯诺诺 拿出精力，随时在场 传达积极的情绪（见第十四章）
声音	降低音量（如果您是女性，尤其如此） 降低语速，适当暂停 句尾使用降调 声音洪亮
用语	不要插嘴 不要让别人觉得不对劲或难受 使用坚定自信的语言——我认为、我希望、我想 跟他人有异议时，使用"还有"，不要使用"但是" 避免使用"你应该"或"你应当" 使用"你觉得怎样？""这件事你觉得如何？"等开放性问题 了解自己的议题，自信发言 坚定信念
内在动机	知道自己希望实现怎样的目标（见第十三章） 确保您对他人具有积极的意图

魅力与风格——利用您的天赋培养魅力

像您的风格一样，魅力来自于跟内在动机和积极意图有关的外部行为（言语和非言语交流）。

立足于自身风格的权力基础，避开陷阱，每个人都有养成魅力的能力。有魅力的人会表现出力量、在场和热情,并能够触发让他人感觉舒畅的积极情绪。

以下是让每种风格养成魅力的一些建议,见表 15-4。

表 15-4

领航者	倡导者	激励者	合成者
有热情 发起跟他人的接触 微笑 讲话或听别人讲话时进行眼神接触 使用柔和的眼神 关心他人的个人生活 多解释一下自己的主张 采取开放的肢体语言	在场 放慢语速和动作 为他人腾出时间 征询他人的看法 主动倾听并予以反馈 放松肌肉、深呼吸 控制您的紧迫感 练习正念	减慢语速 降低您的音量,适当暂停 减少手臂动作 少说几句话——更快进入正题 倾听并让他人说话 把自己希望发生的事情说得更明白一些 不跑题、尽可能地详细 要有一个自己深信不疑的愿景和目标	说话时保持眼神接触 使用坚定自信的短语 表现出富有表现力的肢体语言 提高音量、降低语调 避免在句尾使用升调 多发言——想到什么说什么 说一些逸闻趣事 如果您的看法更合理但有人反对,不要屈服

表 15-5

写出一些有魅力的行为并进行尝试。

情况不同，人们的魅力可能也会不同。人们可能在某些情况下很有魅力而在其他情况下没有魅力，通常来说，这取决于他们在相应的情况下拥有多少自尊和自信。下一章将探讨如何提升和维系自己的自尊，以便开展有自信、有魅力的交流。

第十六章
提升您的自信

如果你脑中有个声音告诉你"你不会画画",尽一切办法去画,然后你脑中的声音就会渐渐安静下来。
——文森特·梵高(Vincent van Gogh)

表演者在舞台上魅力四射，但跟您面对面时可能显得平平无奇。在舞台上，表演者对于自己正在做的事情的信念给了他们自信，让他们浑身散发着魅力，但下台后他们跟我们有着一模一样的恐惧、不确定性和怀疑。我们不可能在任何情况下都保持自信，但相信我们自己的能力和价值能让我们在更多的时候更加自信，这种自信能为我们带来更好的表现。足球队主场的战绩往往比客场好，因为主场球迷的支持给了他们自信，这种自信会提升他们的表现。

自我欣赏是对自己能力和价值的一种信念。相信自己很重要、能干和受欢迎让您感到自信，并能够自信地跟他人交流。正如我们在上一章中所看到的，您也需要相信其他人很重要，尊重并欢迎他们；否则，他们会感到被排斥、被羞辱或被拒绝，从而做出战或逃的回应。图 16-1 被称为"OK 框图"[1]，展示了这些不同的人生态度。

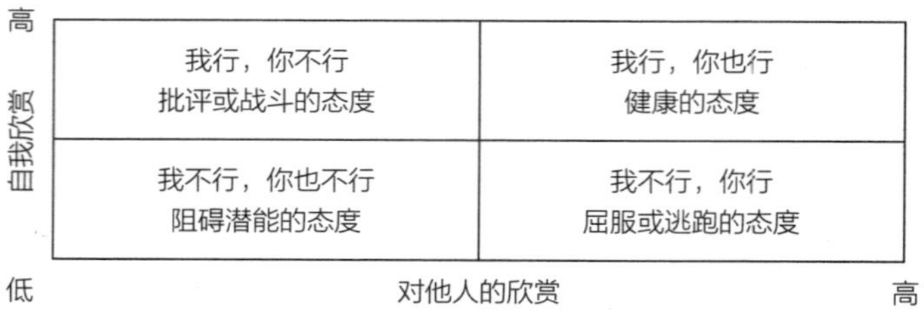

自我欣赏 高	我行，你不行 批评或战斗的态度	我行，你也行 健康的态度
低	我不行，你也不行 阻碍潜能的态度	我不行，你行 屈服或逃跑的态度
	低　　对他人的欣赏　　高	

图 16-1

在理想情况下，我们希望自己能处于图 16-1 的右上一栏，对自己对他人都非常欣赏，因而可以带着自信和魅力跟他人进行交流。如果您自我感觉良好而且对与您进行沟通的人充满尊重和欣赏，那么您就具有了这种人生态度。您会期望一种双赢的结果并依据这一目标行事，在倡导自己的观点的同时征求并倾听对方的观点。

如果您觉得自己行但对他人没有尊重和欣赏（左上一栏），您就会对他人持批评的态度，可能会设法实现自己的诉求而牺牲对方的诉求（一种零和结果），您的行为可能会让对方十分难受。您会开启"战斗"模式，极力争取实现自己的诉求而不考虑他人的观点。

如果您的自我欣赏度很低、感觉谁都比您强（右下一栏），您就会顺应他人的诉求而不提及自己的需求。您不会解释自己的立场或征求对方的立场，从而开启"逃跑"模式。这是一种自我欣赏度很低而对他人欣赏度过高的态度。

最后，如果您对自己没什么良好的感觉、对他人也没什么尊重（左下一栏），那么任何人都没多少进步空间——这是一种毫无希望的状况。

以下是有关提升自我欣赏度的建议：

- 不要贬低自我，即"自打折扣"。如果您听到自己说一些消极的关于自己的话，您会相信这些说法（"我不善于……""我总是犯错""别管我""我怎么想不重要""我一直这么倒霉"）。相反，提醒自己您擅长的东西，做一些积极的自我对话（见第十四章）。

- "别人能做，我也能。"（我会在坐过山车的时候对自己说这句话）
  - "我很友好，人们会喜欢我的。"
  - "我会创造自己的好运。"
  - "我很擅长做自己的工作。"
  - "我家人都爱我。"
  - "我学过很多新的技巧，因此我可以再学一些。"
- 无视他人的贬低。"你的问题在于没有幽默感。""典型的女人做派！"听信这样的话会销蚀您的自我欣赏度。
- 接受他人的赞美。我们往往会尴尬地忽略他人的赞美，或者说一句"没什么"或"谁做都一样"，对其不予理睬。相反，向赞美者表示感谢、思考一番并留意它们对您的影响，以及带给您的感受——听到别人对自己的积极评价会建立您的自尊。
- 跟他人分享问题并寻求他们的支持。与他人分享问题，问题就解决了一半，此言不虚。
- 每天给自己一些时间做对您重要的事情。这会让您感觉良好，并建立您的自信和自尊。每天做自己不喜欢的事情会让您愤愤不平，让您走进自己"不行"的死胡同。

以下是一些有关如何提高对他人的欣赏的建议：

- 努力从他人的视角来看待事物——想象一下他们可能怎么想、会有怎样的感受。

- 表达您对他人的欣赏。由于尴尬或缺乏技巧,我们往往会避免赞美他人,不过,对别人做出积极反馈能够激励他人并培养他们的自信。
- 抑制对他人的批评——先看积极的一面,不要忘了让他人感觉舒畅要比让他人感觉难受更为有效。
- 不要让别人觉得不得不捍卫自己,因此,提问题时以"什么"或"怎样"而不是"为什么"开头。
- 找机会跟他人建立联结。请朋友喝杯咖啡、在同事办公桌旁逗留一下、安排跟认识的人一起吃午饭等。这会让他们感觉受重视,也让您有机会了解他们、真正地欣赏他们。

露西(Lucy)和艾玛(Emma)都是培训师,开会时他们经常发生冲突,很少能达成一致。他们被指派完成某个项目,需要他们离家一个星期。

起初,他们谁都不想待在一起。不过,在这一个星期里,一起吃饭的时候以及旅行期间,他们对于彼此以及他们工作之外的生活有了更多了解,也开始欣赏彼此的为人。一个星期之后,他们对于彼此的观点有了更多的尊重,也能够以建设性的方式探讨彼此不同的视角了。此后,他们还会时不时见面聊天,这有助于他们在工作中更好地相处。

建立您的自信

为了跟他人好好相处,您需要跟自己好好相处并重视自己。如果在您的行动中您不相信自己,就会走进"你行,我不行"的死胡同,这会让别人失去对您的信心、轻视您的看法,进一步削弱您的自信。这里会为您提供一些建立自信的策略。

像一个自信的人那样行事

人的身心是联系在一起的。我们的思考和感受会影响我们的身体和外部行为。当感到自信时,我们会站得更直、进行眼神接触、说话更有底气,别人也更有可能重视我们说的话。当缺乏自信时,我们会弯腰驼背、说话闪烁其词,别人也不太可能重视我们说的话。见图 16-2。

图 16-2

反之亦然——我们的身体和肢体行为也会影响我们的思考和感受。因此,像一个自信的人那样行事会让您感到自信。以下是一些相关建议:

- 管理好您的肢体语言：深呼吸、让自己平静下来、放松您的下巴和双肩、站直、进行眼神接触、微笑、拿出感兴趣的姿态、专注于对方而非自己。
- 注意您的声音：放慢语速、以正常的音量说话、不要大声喊或咕哝、降低您的音调（如果您是一位女性，尤其如此）。
- 进行积极的自我对话："我很平静，我可以说出自己想说的话，我很安全。"
- 说话之前先思考：暂停一下进行理性思考，不要按您的"战"或"逃"冲动行事。关于要说什么、怎样说，都要做好计划。
- 使用主张性语言：使用"我认为、我想、我需要"这种以"我"开头的说法而不是挑衅性的语言（"你应该、你应当"）或屈从性的语言（"不用管我"）。
- 有不同看法时，使用"还有"而非"但是"。
- 建立自信的心态：做些事情让自己振作起来、写出当天发生过的三件积极的事情、想象您积极行事的样子。

创造好的印象

第一印象非常重要。创造一种自信的第一印象会让您有动力顺利地完成互动。以下是有关聊天和建立人脉的小建议：

- 第一次遇到某人时，重复一下他们的姓名（这样您就能记住他们的名字），对他们讲话时要使用他们的名字，因为这会让他们感觉自己很重要。

- 练习在较小压力情况下如何开始对话——如跟邮递员、邻居、同事、店员——注意他们的回应以及您此后的感受。
- 想一些问题,例如,问问别人的兴趣、爱好或正打算去哪里假期。
- 记一下别人孩子的名字,这样您下次遇到他们时可以查看您的记录。
- 在社交活动中,为自己设定一个可实现的目标(如跟三个人攀谈),不要觉得自己必须跟所有人攀谈。
- 如果您偏外向一些,注意不要大声喧哗或喧宾夺主。
- 如果您偏内向一些,离开嘈杂的环境几分钟,给自己一些"内省时刻"。

> 詹恩(Jenn)具有主动式(外向)激励者风格。以前,家里有朋友来吃饭或参加聚会时,丈夫常常会让她感到厌烦。往往参加聚会的人玩得正高兴时,他会溜到厨房去往洗碗机上放碗碟。她觉得他应该像自己一样享受聚会或跟朋友聊天。她丈夫具有回应式(内向)领航者风格。最终,他解释说待在厨房的那段时间是一种令人愉快的调和剂,让他不必一直跟他人谈话或听他人说话,而且也有助于他焕发活力。理解了丈夫的需求之后,就算丈夫躲进厨房詹恩也不会紧张,而且她也能够欣赏丈夫在厨房里的劳动了。

想想您初次遇到他人时会给他们留下怎样的印象,并有意识地调整您的行为。表 16-1 是每种风格可能遇到的陷阱(别人对您的可能看法）及相关建议。

表 16-1

	可能遇到的陷阱	相关建议
领航者	较真而严肃	寒暄、微笑
倡导者	傲慢而缺乏耐心	倾听并提问而非发号施令、放慢速度
激励者	毛手毛脚、嗓门大	声音小一些、倾听
合成者	沉默而无聊	声音大一些、活跃一些

设定更聪明的目标并奖励自己

拥有"精通"[2]经验——设定并实现目标——能让我们获得自信。

或许您非常熟悉 SMART 这一助记符——目标应该具体（Specific）、可衡量（Measurable）、可实现（Achievable）、符合实际（Realistic）以及具有时限性（Time-bound）。很多时候我们的目标并不能激励我们，因为它们让人感觉负面（减肥或戒烟）、太难（收益增加 10%，成本降低 20%）或者过大。把大目标分成小目标、对如何实现目标的细节进行规划以及把任何可能出错的东西都考虑在内（即 SMART 中的可实现和符合实际的部分），这样您成功的可能性才会更大。设定更聪明的（SMARTER）目标——让人兴奋的、更具回报性的目标——也更为有效。

为了让某个目标令人兴奋，要以正面的方式描述目标（看起来苗条、感觉健康），再跟某个愿景或更大的目标（成为最佳客服人员）联系起来会更加理想。

能想象将来该目标已经实现时的情景会给人非常大的激励，在不断实现小目标的过程中对自己进行奖励具有同样的效果。

减肥是一个非常常见但经常破灭的新年愿望。这一例子说明，设定更聪明的目标才更有可能让目标得以实现：

- 具体——参加女儿毕业典礼时穿一套漂亮衣服，让自己更漂亮、心情舒畅。
- 可衡量——能穿上 12 码的衣服、能跑步上楼梯、得到他人的赞美或达到 65 公斤的目标体重。
- 可实现——每天步行 30 分钟、找到一些有意思的沙拉或蔬菜菜谱、午餐吃沙拉、晚饭吃蛋白质和蔬菜、必要时把水果当零食、喝水或上班时走楼梯。
- 符合实际——下雨天不出去散步，在家里做普拉提、选择不同的散步路线以免感到无聊、有人请客吃饭时少吃一点儿（但不要太过头）。
- 时限性——毕业典礼在六个月后的 7 月 15 日，立刻开始规划，每周称重查看进展状况。
- 令人兴奋（Exciting）——想象自己在毕业典礼上看上去很漂亮、为自己的女儿感到骄傲的样子。
- 有回报（Rewarded）——做些自己喜欢做的事情（跟朋友外出过夜或看电影）来庆祝每个里程碑式的事件（某个星期做到了每天都散步、某个星期尝试了三个新菜谱、某个星期体重有所下降）。最终的奖励是为了孩子的毕业典礼买一套新衣服。

就算我们实现了自己的目标,往往也不会对自己进行奖励。相反,我们会直接转向下一个大任务。不过,有证据表明,奖励自己能让我们获得成就感并让我们树立自信。奖品不需要很大,也不一定要花钱——给自己一点时间做点儿自己喜欢的事情同样可能会让自己备受鼓励。

设定目标时要明确相关日期。不要把日期定为月末或季末,要有确切的日期,并把日期写进日记中。不能只写实现最终目标的日期,要把所有中间步骤完成的日期也都写下来。凡事预则立,不预则废。

挑战限制性信念

有时候我们会有一些对自己毫无帮助、有损自己自信心的信念。能够意识到它们充当了妨碍我们进步的绊脚石而非促进我们进步的加速器,对于提升我们的自信心来说非常重要。

认知行为疗法中有一个技巧,是一个很有用的可以用来挑战自己思维的工具——ABCDE 法[3]。

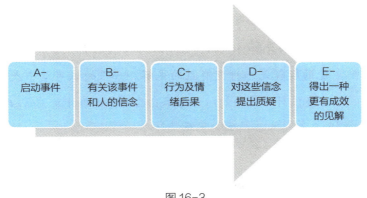

图 16-3

以下是一位新雇员在无意中听到两位同事谈论下班后出去喝一杯时使用这一技巧的一个例子。

A 启动事件——无意中听到两位同事谈论下班后出去喝一杯。

B 信念——她认为有社交活动不带别人去是不对的。如果有谁被排斥在外，这意味着这个人不讨人喜欢。

C 后果——她因为自己没有被邀请而感到十分不安。她认定自己的新同事不喜欢自己，在当天接下来的时间内都不跟她们说话，她在她们在场时觉得十分尴尬。这意味着她们没机会邀请她一起去了。

D 质疑相关的信念——除了认为她们不喜欢自己，她还可以对她们的行为进行很多不同的解释（她们本来可能晚些时候邀请她，或许本来的安排就是如此）。而且，可能有一些其他的东西能够说明别人是喜欢自己的（同事们曾请她吃过午餐或为她提供过帮助）。通过对该事件其他解释的思考，她意识到自己觉得不受待见的信念不合乎逻辑、不符合实际而且对她毫无帮助。

E 有成效的见解——相信自己没有接到邀请这件事有很多可能的解释是一种更有益的见解。如果她认可这一点，那么就没什么东西能阻止她跟自己的新同事建立关系。

往往我们的信念会导致我们对他人的误解，而且，这些信念非常强烈，足以压倒其他证据。不过，人们完全可能逐步形成一系列建设性的信念，从而带来更好的结果。

经过一路摸爬滚打，莫因（Moeen）在自己所在单位进入了高层。他将自己的成功归因于跟主管们的良好关系以及好运。他感觉主管们都很喜欢他，而且那正是他得到晋升的原因。他从不认为自己的晋升源于自己的努力和能力。他雄心勃勃，希望在该单位能再有所发展，不过他自己的信念拖了他的后腿——因为他认为自己的晋升是由于主管们的喜欢而非他自己的能力，他对自己缺乏信心——该坚持自己主张的时候他却畏缩不前。他把自己的想法都闷在心里，即便他认为主管们的决定是错误的。主管们觉得他在高层没什么作为，还没做好晋升的准备。

在一次辅导期间，莫因突然顿悟到受人喜欢是一种限制性信念而受人喜欢跟个人进步并不是一回事儿。他形成了一个更有益的信念，即个人进步跟工作做得好有关。辅导结束时，他说自己现在感觉如释重负。

表 16-2

想一想您最近经历过的一次误解或冲突，使用该 ABCDE 法形成一种更有成效的见解。	
启动事件	
信念	
后果	
质疑相关的信念	
有成效的见解	

乐在其中并尽力做好

清楚地了解自己的优势、了解自己喜欢做什么以及如何应对所处职位中自己不喜欢或不擅长（或兼而有之）的那些方面能够提升您的自信。求职或评估自己的职业规划时这一方法也非常有用。您也可以将其运用于工作外的角色之中。

表 16-3

	喜欢的事情	不喜欢的事情
表现好	优点——打算多做一些	打算少做一些
表现不好	可能的才华——打算进行开发	打算修补

> 乔丹（Jordan）难以应付自己要承担的全部责任，他知道自己需要给经理团队多分配一些责任，但他想不明白该分配什么以及如何分配。他利用这一矩阵分析了自己到底喜欢这份工作的哪些方面及如何应对他不喜欢或不太擅长的方面。基于此，他制定了一份提升自己在某些方面的技巧的计划，也让他弄清楚了可以把哪些责任分配给别人。把某些活动分派出去意味着他有时间去做能够发挥自己真正优势的事（就乔丹而言，是财务分析），这对于他个人以及公司来说都是一种更好的结果。恰当地分配还意味着他的团队有机会完善自己的技能，他们承担了更多管理业务的责任，而且也更自信了。这样，人人都是赢家。

花些时间做自己擅长或喜欢的事情会让人终身受益，而且会让我们遇到波折时拥有韧性。这也正是下一章的主题。

第十七章
打造韧性，重获活力

生活中重要的东西：首先是家庭，然后是有成就感的工作、友情、美貌以及好玩的事情。
——罗伯特·佩斯顿（Robert Peston）[1]

当我们对自己、对他人感觉舒畅或拥有积极情绪时，就容易跟他人和睦相处。但是，在生活中，我们有时会面临导致挫折、易怒、焦虑或抑郁等消极情绪的困境。这些情绪会妨碍我们跟他人和睦相处。我们都喜欢跟让我们感觉舒畅的人待在一起，因此，如果我们正在为什么问题而苦苦挣扎，即便我们的朋友也可能会躲着我们。韧性指的是从生活抛给我们的挑战和挫折中反弹回来并保持积极人生观的能力。

本章将阐述一些能帮您变得坚韧的简单练习和技巧。

压力及压力症状

我们知道，一定的压力有利于我们的表现。压力太小时我们会觉得无聊、缺少动力，但压力太大时我们又会焦虑（耶基斯－多德森定律）[2]，这两种情况都能导致生理或心理方面的疾病。压力多少才合适因人而异——大致上，如果我们应对压力的能力能够平衡我们遇到的压力，那么此时的压力就刚好合适。

至关重要的是，您要能意识到自己何时即将到达失衡点，另外还要拥有管理自己的回应以重获平衡的能力。

当压力超过了我们的应对能力时（见图 17-1），我们可能会出现某些压力症状（见表 17-1）。

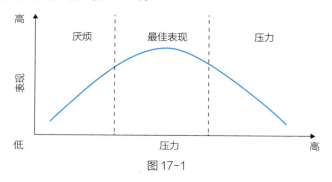

图 17-1

表 17-1

行为变化	生理症状	心理症状	情绪症状
难以入睡 饮食习惯改变 抽更多的烟或饮更多的酒 躲避朋友和家人 性问题 鲁莽驾驶 神经性痉挛 强迫症	呼吸急促 血压升高 疲倦 消化不良、恶心 头疼 肌肉疼痛 心悸 恐慌	更加优柔寡断 难以集中注意力 记忆力衰退 感觉力有不逮 自尊心低下 丧失自信 草率决策 丧失洞察力	易怒 焦虑 麻木 过度敏感 精疲力竭、无精打采 感觉不安全 害怕被批评 感觉毫无希望 充满敌意

如果压力长期存在，其生理和心理后果可能会非常严重，因此必须有应对之策。当被问及如何应对压力时，人们更可能会提到某些久坐或独居活动，如看电视、网上冲浪、听音乐或读书等，而不太会提及那些活跃的团体活动，即便事实证明主动的方式更为有效。[3] 有关应对压力的主动方式，见下文有关激励的部分。

如何管理压力源

一般来说，我们具有以下应对压力源的选项：

- 控制——改变压力的起因或源头。
- 影响——影响压力源或改变我们的应对方式。
- 回应——使用压力管理技巧来减少相关影响。

在图 17-2 中，位于中心的最小的圆代表我们能够控制的东西，中间的环代表我们能够影响的东西，外面的最大的环代表我们只能在其发生后予以回应的事情。举例来说，召集会议时我能够控制会议开始和结束的时间，参加别人召集的会议时我可能影响会议开始和结束的时间，但当我的老板召集会议时，会议何时开始何时结束要看她的意思。在最后一种情况下，因为会议超时而焦虑就没什么意义了。我无法控制相关时间，但能够管理自己的回应，以让相关压力的影响最小化。

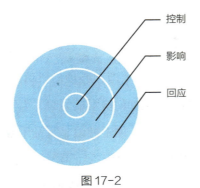

图 17-2

根据对状况的控制程度进行分类,可以帮助我们选择合适的行动方案。对我们既无法控制也无法影响的事物感到焦虑没有任何意义。不过,有时候我们拥有的影响和控制要比我们认为的要多。

将这一模型运用于每种风格的压力源后,我们发现在这三个层面我们都可以采取某些行动。在正中心的是我们能够控制的东西,此时我们可能会感到焦虑。例如,此时我们可以采取特定行动以确保能够实现我们的核心动机。某个因为计划的缺失而焦虑的具有领航者风格的人可以通过建议某个行动方案而获得控制权。

中间的环是指我们能够影响的事物。通过改变自己的反应和行为,我们能够对这一状况施加影响并实现自助。具有倡导者风格的人,如果能意识到自己因为明显缺乏进展而感到沮丧,可以刻意减少自己的参与。如此一来,他人可以接管,从而让事情得以继续。

外部的环代表的是我们无法控制或影响的东西,因此我们唯一的选项就是选择自己的回应。由于缺乏进展而感到沮丧的具有倡导者风格的人可以刻意脱离相关状况一段时间,以让自己放松和平静下来。如果您遇到交通堵塞,又无其他路可走,那么最好的回应就是保持平静,利用这一机会进行思考或听听广播,而不是生气或感到沮丧。虽然我们可能无法改变引发自己焦虑的东西,但我们可以控制自己的反应。通过控制我们的反应,或许我们能够获得一个更加积极的结果。对此,保罗·麦吉(Paul McGee)[4]总结如下:

事件 + 您的回应 = 结果

维娜（Veena）具有倡导者风格，负责管理多个客户安装规划团队。她总是忙忙碌碌、动作麻利、语速快、管理一大堆工作、一整天都很少休息。她说自己对他人的慢条斯理感到十分沮丧和不耐烦。

她给经理们分派的任务不多，因为她知道他们没自己做得好。她承担了很多事情，让自己面临很大压力。她的风格让别人备感压力，而且她的内在压力也蔓延到了她的家庭生活之中。

最终，她认识到自己不能控制别人的节奏，她自己的风格变成了她让别人做事情时的一个障碍。通过管理自己的回应、放慢节奏、退后一步以及让别人以他们的方式做出贡献，她从自己的团队中得到了更多的协作，她的经理们也开始承担更多的责任，大家能完成的工作也增多了。

表 17-2

想一想最近让您感到焦虑的一次经历。
在这张控制/影响/回应图上，您当时处于什么位置？您本来可以怎样做以获得控制或影响？您本来可以做出怎样不同的回应？

掌控及拒绝

对人们来说,贪多是一个常见的压力源头。有时候,我们会同意某些要求,而此时更好的行动方案是主动掌控并拒绝。人们难以拒绝有如下几个原因:

- 感觉拒绝是自私或无礼的行为。
- 拒绝提供帮助会感到内疚。
- 担心损害跟对方的关系。

然而,对您自己以及其他相关的人来说,不拒绝的后果往往比鼓起勇气拒绝更为严重。

以下是关于如何拒绝的一些建议:

- 留意您对该要求的第一反应——如果您有种不祥的预感,这或许就是您应该拒绝的一个很好的兆头。
- 如果您的反应模棱两可,给自己一些思考的时间,您可以说"我不太清楚,我需要多了解一下""我要想一想"或"我手头上还有些事情,我需要一点儿时间权衡一下"。
- 如果您决定拒绝,不要再加上额外的借口或道歉,您可以说"我不希望……""我不喜欢……""这个不适合我……"或"这个我做不了"。
- 不要解释您为何拒绝,不要使用"也许、或许或可能"等带有不确定性的词汇。
- 承认是自己的决定,不要拿别人当借口。

- 承认您的感受，您可以说"我觉得这很难"；承认他们的感受，您可以说"我知道你可能会很失望，但这次我帮不了你"。
- 使用自信的语气和方式——讲话时要平心静气、语速放缓、语调放低，确保在句尾使用降调，表现出终结感。
- 使用自信的肢体语言——不要动来动去、保持眼神接触、站直。
- 一旦您拒绝，不要左右徘徊，也不要显得游移不定——拒绝然后离开，或者换个话题。
- 如果您想拒绝，不情愿地答应多少也能行得通。您或许可以说一些尖刻的话或面露不满，对方会注意到这一点，感觉受到了拒绝。
- 记住，您拒绝的是相关要求而不是对方这个人。

寻求帮助

寻求帮助是另一种掌控或施加影响的方式而不是成为他人要求的牺牲品。我们或许认为寻求帮助是虚弱或失败的标志，不过，在大多数情况下，有人求助于自己时人们都会感到十分荣幸，因为这让他们觉得自己很重要、很能干。

以下是有关如何寻求帮助的一些建议：

- 想好您需要怎样的帮助，直截了当地提出来，您可以说"我希望你把买的东西从车上拿进来"或者"我希望你帮我完成这份报告"。

- 让人愿意帮忙、难以拒绝。一个以消极的方式提出的要求很容易让人拒绝，例如"你就不能帮我洗刷吗？"；一个以积极的方式提出的要求让人很难拒绝，例如"能请你帮我洗刷吗？"
- 应对他人的回答，但不要被其他无关的事情分心——重复您的要求。

委派他人

新任经理最难学的一件事情就是如何将任务分派给他人。在委派与掌控的欲望之间保持平衡十分不易。不过，如果感觉自己对于做什么以及如何做拥有一定自主权，大部分人都会充满动力[5]，因此，委派他人时让他人的赋权感最大化非常重要。

以下是有关如何委派的一些建议：

- 确定要委派哪些方面的责任（撰写月度财务报告），而不是确定一次性的任务（"今天完成这份报告"）。
- 明确您对要委派任务者的期待（该报告的内容、什么时候要交终稿）。
- 授予执行任务的适当权限。
- 提开放性的问题，确保他们理解并同意，您可以问："你有什么想法？""这对你有什么影响？""这事儿你会怎么做？"或者"我们什么时候能看看进展状况？"
- 就您打算如何监督跟对方达成一致——需要什么样的进展汇报？

- 按既定的日期监督进展,不要提前。
- 确保对方同意而且具有相关技巧,弄清楚对方可能需要您或他人提供什么帮助。
- 把委派当作给别人学习和发展的机会。

> 萨缪尔(Samuel)具有倡导者风格,他管理着一家车行。如果他的员工不立即完成他交办的任务,他就会感到非常沮丧。虽然对他来说某个任务可能是优先事项,但他的那些员工常常还有更紧急的任务或客户需要先行处理。晚些时候他会检查任务的进展情况,如果发现员工们并未按他的要求去做,他就会很恼火、大加指责。员工们被指责的多而被表扬的少,这让他们很丧气。接受辅导后,萨缪尔学会了跟员工定好某些期限以及完成任务的时间节点,在最后期限之前不再检查,并控制自己的不耐心以及催促员工完成任务的想法。慢慢地,他的团队开始对他有了信任,员工们觉得自己有了控制权,士气也有了提升。

最后,如果您需要把通常亲力亲为的任务委派给他人,比如因为自己太忙而让别人代替自己开会,那么您此时不是委派任务而是寻求他人的帮助。如果您清楚地表明这一点,对方通常会做出积极的回应,否则他们会觉得您甩给了他们额外的工作。

对您的压力源进行回应

如果我们无法控制或影响让我们备感压力的事情,最后的办法就是想办法对其做出积极的回应。有些技巧跟如何应对冲突非常类似,因为冲突本身往往也会导致压力。

当人们遭遇压力时,"战或逃"的回应会启动,情绪可能会代替理性思考。因此,为了避免这种情况,您可以尝试一下:

- 拿出点儿时间控制您的反应。
- 换个地方。
- 使用平静的语气和肢体语言。
- 留意并控制您的情绪——放松身体、慢慢呼吸。

这些步骤有助于您减少焦虑感,更机智地应对最迫切的问题。有关持续压力,美国心理学协会提出了以下建议:

- 建立联结。
- 不要把应激状况看作无法解决的问题。
- 接受变故是生活的一部分。
- 为自己的目标努力前行。
- 采取果断的行动。
- 寻找自我发现的机会。
- 培育有关自我的积极看法。
- 要有自己的格局。
- 照顾好自己。

我们还可以通过建立自己的能量源来提升自己应对持续压力的能力。当我们拥有生理、心理和情绪能量时，应对挑战要容易得多；而当我们感觉疲倦、无精打采或焦虑时，应对挑战要困难得多。拥有建立自己能量源的计划是减少压力症状的一个关键。

能量与焕发活力

让您的生活拥有 SPICE！当我们谈能量时，往往想到的是生理能量。不过，还有一些其他类型的能量以及能量源，注意到它们有助于我们建立韧性。利用 SPICE 可以很方便地对能量进行分类：

- 精神能量（Spiritual energy）——它指的是您生活的意义和目标、您每天起床是为了什么、什么东西对您重要以及跟超越自身的更高目标的关联感。

- 生理能量（Physical energy）——它指的是您身体中的能量、您身体的活跃度或您的精力状况。

- 思想能量（Intellectual energy）——它指的是您的思维，您的大脑对于自己正在做的事情的投入度，您的大脑在多大程度上受相关事实、观点、想法和感受的刺激，您的思维是否活跃。

- 事业能量（Career energy）——它指的是跟您的工作有关的能量，您在工作中是否充满动力或是否敬业。对很多人来说，事业能量也可以成为精神能量和思想能量的来源，它可以提供一种使用自己大脑（或身体——如果您是一位运动员）的目标感和机遇感。

- 情绪能量（Emotional energy）——它指的是来自于您跟家人和朋友的关系的能量，被人重视、相信自己很重要、能干、受欢迎以及感觉自己有价值时的能量。

管理这些不同种类的能量对于打造韧性至关重要。它们是韧性之源，但如果您弃之不顾，它们就可能枯竭。一般来说，在某种能量上花费太多时间是一件不好的事情。事实上，有证据表明做某件事时定期休息一下有助于能量的提升。[6] 在工作中，离开您的办公桌，走一走，去接杯咖啡或出去呼吸一下新鲜空气可以补足您的能量，保证您的表现。这一点同样适用于正在学习的学生或居家的人。坐在办公桌旁很长时间也不休息一下会耗尽您对任务的能量和热情，而经常休息一下能够让您焕发活力。

正如人的能量水平在一天中会有所起伏一样，人的能量在更长的一段时间——如一个星期、一个月或一年——之中也会有所起伏。工作了一整个星期后，很多人感觉精神上、情绪上都被掏空了，周末往往会靠睡个好觉来恢复一下。借助于我们其他类型的能量会带来各种积极影响。参加锻炼或在工作之外重新找到意义感和目标感，对于恢复我们的心理或情绪能量水平非常重要。患有季节性抑郁症（SAD）的人在不同季节的能量水平会有所变化。

为了获得健康和韧性，我们需要拥有多种能量，就像拥有平衡的饮食一样。SPICE 中的各种能量就像平衡饮食中的各种碳水化合物、蛋白质、蔬菜和维生素等组成部分一样。通过获得和打理各种能量，我们就可以建立自己的韧性。

很多人会在工作中长期使用两种心理能量——思想能量和事业能量。一天之中我们都不太使用生理能量，因此，您可能觉得下班后您会爆发出自己的生理能量，兴冲冲地出去跑步或去健身房健身。令人奇怪的是，我们更可能缩在什么地方看电视，尽管这并不利于释放自己的压力。不过，如果我们能出去发挥一下我们的生理能量的作用，就会感到自己重新焕发了活力，锻炼后回到家里也会觉得精神焕发。

专注于某种能量而忽视其他能量会让我们感觉失衡、对自己的生活不满。对于上班族来说，最常见的一种情况是他们会专注于事业能量而忽视精神、生理和情绪能量的需求。有时候我们的工作会带给我们一种使命感，从而实现我们的精神能量。但是，当我们在工作上花了太多时间时，我们可能会忽略跟家人和朋友的好好相处，无法获得平衡我们的生活的情绪能量。有时候，人们能够通过跟同事的社交、结交朋友等来满足情绪需求。无法获得或补足您的情绪能量会造成一种后果，即您在工作之外再也不会觉得自己重要、能干或受欢迎。您的自我价值感和自我形象完全来自您的工作而非您工作之外的生活，这会导致您同家人的关系问题。

如果人们的工作角色需要大量情绪能量，如看护者、顾问、护士、社工以及家里有小孩子的妈妈，往往会说使用了自己的情绪能量一整天后感觉自己情绪上已经精疲力竭。他们的情绪能量已经耗尽，为了让自己充满情绪能量，他们需要把注意力转向其他形式的能量，进行一些智力刺激或体育锻炼可能有助于他们重获平衡。

同样，专业运动员会使用大量的生理能量（以及竞技时的情绪能量），训练或比赛之后，他们往往会将脑力劳动作为一种给自己补充生理能量的方式。网球运动员安迪·穆雷（Andy Murray）利用打游戏进行放松——在使用心理能量的过程中让自己的身体得以恢复。

精神能量也可能被耗尽。对于从事维护正义的工作的人来说，如果他们不拿出时间来重新平衡自己的能量，他们也可能会感到不堪重负。

幸运的是，有一些方法能帮您避免落入低能量陷阱，使您能够通过采取积极举措来逐渐增强您的能量和韧性。

杰米（Jamie）知道自己的工作和生活很不平衡。通常他在孩子们已经上床睡觉之后才下班回家，跟伴侣吃过东西，还要再花上一个小时或更长时间处理一下电子邮件，因此他们过二人世界的时间很少。他也清楚自己的生活方式越来越不健康——他很少停下来吃顿午饭，只会一路跑着吃些零食，而且很少锻炼。

对 SPICE 能量的了解帮他解决了这一问题，他就能改变的若干关键事项根据轻重缓急进行了安排：他决定每个星期有一天下午 5 点之前回家、周日晚上不再处理电子邮件，并且每周一次跟朋友一起骑车。这些简单的行动大大地改变了他对自己生活的感受，跟伴侣的关系也得到了改善。

您可以使用以下这份改编自《哈佛商业评论》[7]的 SPICE 调查问卷来评估您对自己能量水平的管理情况，见表 17-3 和表 17-4。

表 17-3

	在您认为与您的情况相符的说法前面打钩。
	精神方面
	在工作中，我没有足够的时间做自己最擅长也最喜欢的事情
	我所说的对自己最重要的事情跟我实际如何分配自己的时间和精力之间有很大的差距
	我在工作中的决定更容易受到外部命令的影响，而不是某种强烈而清晰的自我目标感
	我没有足够的时间和精力用来为他人或这个世界带来积极的改变
	身体方面
	一般我做不到每晚睡七八个小时，而且常常睡醒了还觉得疲倦
	我经常不吃早饭或者随便吃一些没营养的东西
	我的锻炼不够多——每周有氧训练三次，力量训练一次
	我白天不会为了真正恢复元气而有规律地午休，或者就算吃饭，也在办公桌上吃
	思想方面
	我很少读书、参观博物馆、美术馆或到乡下散步
	我会花大量的时间对眼前的危机和要求做出反应，而不是专注于具有长远价值和更大价值的活动
	我没有太多时间用于反思、制定策略或创造性思维
	我会晚上或周末加班，从未有过一次没有电子邮件的假期
	事业方面
	我难以一次专注于一件事情，白天容易分心，尤其容易为电子邮件分心
	我没有时间或能量把自己的工作做到像自己希望的那样好

（续）

	事业方面
	我会用大量的时间回应别人的要求，对于自己如何工作没有足够的控制力
	我觉得自己在工作方面的努力没带来任何具有长远价值的东西或者无关大局
	情绪方面
	我在工作中经常感到易怒、缺乏耐心或焦虑，工作难做时更是如此
	我没有多少时间陪伴家人和自己爱的人，即便跟他们在一起有时也是心不在焉
	我能用在自己最喜欢的活动上的时间太少
	我很少停下来表达对他人的欣赏、品味自己的成就或幸福

表 17-4

您的总能量如何？ 打钩的说法共有：_____项	您最需要努力的方面是哪些？ 每项打钩的数量： 精神方面：_____ 事业方面：_____ 身体方面：_____ 情绪方面：_____ 思想方面：_____
分数指南 0~4 分：优异的能量管理技巧 5~8 分：合理的能量管理技巧 9~12 分：勉强可以管理自己的能量 13~16 分：能量管理技巧严重不足 17~20 分：切实的能量管理危机	各项分数指南 0：优异的能量管理技巧 1：强大的能量管理技巧 2：开始显现能量管理技巧不足 3：能量管理技巧不足 4：切实的能量管理危机

现在，请您考虑一下您在 SPICE 的五个能量领域可以采取什么行动来处理好这些能量。以下问题有助于您弄清相关行动。

- 精神方面：您排在前三名的价值观是什么？您是如何实现它们的呢？什么东西对您很重要？您希望给别人留下什么印象？
- 身体方面：您是否在意自己的身体？您睡眠好不好？定期锻炼吗？饮食健康吗？
- 思想方面：您如何让自己的思维保持活跃？什么东西能刺激您的头脑？您喜欢做什么事情？
- 事业方面：您有怎样的目标？您在哪些方面被人称道？
- 情绪方面：您如何表达对他人的欣赏？您向谁表达自己的感受，如何表达？在情绪消极时什么东西能让您振作起来？

能量管理行动计划

表 17-5 是一些有关培育能量的建议。挑选几个适合您的活动，写一下您的能量管理行动计划。

表 17-5

能量类型	培育能量的建议
精神能量	列出您的核心价值观——您离实现它们还有多远 确保每天做一件让自己满意的事情 想象一下五年后的情形——如果一切顺利，您做的什么事情会使您感到骄傲或满意？要让这些事情得以实现，您现在需要做些什么 想办法多做一些让您心情舒畅的事情

（续）

能量类型	培育能量的建议
身体能量	工作日期间每 90~120 分钟休息一下 管理好您的食物摄入，控制血糖水平的起伏 有规律地锻炼——选择您喜欢的锻炼项目 采取相关策略来保证良好的睡眠 养成午休和出去走走的习惯 学会关注您身上有关能量减退的征兆
思想方面	更有效地安排优先事项，不要养成"无事瞎忙"的习惯 把您的重要目标写出来放在书桌或电脑上，每天完成朝着目标而努力的一个活动。 高度专注于任务，远离电话或电子邮件，减少干扰
事业方面	更好地管理您的电子邮件——当您需要思考时禁用电子邮件，再设置一下，例如把抄送邮件单独放在一个文件夹中或只在一天中的特定时间接收邮件 如果您不知道会议的目的或者自己为何要参会就不要接受会议请求 在日记中标出重要任务的时间 在会议期间及会议后安排休息 每天晚上确定第二天最重要的任务，第二天优先完成该任务
情绪方面	创造机会跟自己喜欢的人待在一起 跟朋友和家人一起做事情 重新组织负面的状况 跟某人谈谈自己的问题 管理自己的身体状态——练习放松和正念技巧 养成告诉别人您欣赏他们之处的习惯，让别人拥有积极的情绪

找到您不同的能量源并处理好它们，这样做能让您建立韧性。正如您的身体需要休息和睡眠一样，其他类型的能量也同样如

此——大脑需要休息、打拼事业的过程中需要休息、为了意义和目标而努力的过程中需要休息、情绪劳动的过程中也需要休息。

事实表明,多走出家门接近大自然具有很多好处,能为我们的心理和情绪能量带来积极的结果,而且有助于人们面对难关。[8]

> 年迈的父母一起住院的时候,我花费了很多情绪能量,感到筋疲力尽。别人劝我拿出一点点时间打打网球(身体能量)、看看书(思想能量)。这是很好的建议——它们让我得到了短暂的休息,让我可以做点儿不同的事情,这些事情让我如释重负,重新焕发了活力,从而能够更好地处理这一状况带来的挑战。

回应式及主动式偏好

在管理您的能量时,注意内外世界的平衡非常重要——见第二章。每个人都需要与他人相处,也需要独处,但两者之间的平衡因人而异。互动太多可能会耗尽偏内向者的能量,互动太少同样可能会耗尽偏外向者的能量。注意到自己的平衡点后,您就可以在制订行动计划维持自己的 SPICE 能量时将其纳入自己的考量范围。

拥有很好的 SPICE 能量水平有助于您积极引导符合自己风格的能量,实现您希望的结果。不过,如果您的韧性或能量水平很低,您这种风格的能量更可能会以负面的形式表现出来,导致您不希望看到的后果(见表 17-6)。

表 17-6

风格	在好日子表现出的能量	在糟糕的日子表现出的能量
领航者	专注	较真
倡导者	执着	愤怒
激励者	参与	抓狂
合成者	亲切	焦虑

通过管理您的 SPICE 能量，您的好日子会比糟糕的日子多得多。韧性、能量和自信都有关联。通过管理您的能量源，您会变得更有韧性、更自信，使您能够充分利用您的风格，将您的积极能量和个人魅力融入您与他人的互动之中。

最后，为了提升您的自信心，提醒一下自己在跟他人互动之中表现出来的天赋——不要忘了，我们需要具有各种风格的人的天赋才能让所有人获得最佳结果。

您可以在表 17-7 中添加您自己的天赋。

表 17-7

风格	潜在天赋
领航者	以集中的能量推动某项行动方案 规划、监督、引导及调整

（续）

风格	潜在天赋
倡导者	以执着的能量推动某项行动 决策、指引、动员及执行
激励者	以投入的能量推动参与 说服、激励、促进及群策群力
合成者	以平易近人的能量推动最佳结果 界定、说明、支持及整合

结束语

> 我知道人们会忘记您说的话、做过的事,但人们永远不会忘记您带给他们的感受。
>
> ——玛雅·安吉罗(Maya Angelou)

这是神经科学中一个激动人心的时代。我们对于自身——我们的思维、大脑和身体——的理解正在不断加深。即便如此,家人之间、朋友之间、同事之间以及我们跟陌生人之间,还会有误解或冲突。另外,阶层、文化、种族、民族和认同等各个层面的差异,甚至使我们跟不了解的人之间的互动变得更加复杂。了解这四种风格并乐于调整您自己的风格将带您走上自我发现之路,并跟他人建立更密切的联结。有了这些知识,我们就可以带着自信和魅力与他人交流,跟他人更好地相处,并为周围的人做出积极的改变。

Appendix

附 录

表 1 主要行为小结（他们顺向问子……）

领航者 推动某个行动方案	倡导者 推动有结果的行动	激励者 推动参与	合成者 推动最佳结果
他们往往在深思熟虑、讲话不紧不慢、看上去平静而专注	他们往往在动作麻利、语速快、看上去直来直去、意志坚定	他们往往在语速快、行动也快而且很健谈、显得充满热情而且很投入	他们的言行往往在不摆架子、看上去耐心而且平易近人
他们制订行动方案以实现希望的结果	他们能动员各种资源（包括人）来获得可实现的结果	他们让别人参与进来，以便获得一个人人欢迎的结果	他们搜集信息和意见以便获得最佳结果
他们做决策时小心谨慎，确保过程经过深思熟虑	他们做决策迅速而且充满自信	他们通过协作做出决定以确保得到别人的认同	他们与人协商、整合很多来源的信息和观点后做出决定
计划、监督、引导和调整，对他们来说往往是很自然的事情	做出决定、指示、进行动员和执行，对他们来说往往是很自然的事情	说服、激励、推动以及集思广益，对他们来说往往是很自然的事情	定义、说明、支持整合，对他们来说往往是很自然的事情
他们让集体都走上正轨，而且帮助集体对可能出现的问题做好准备	他们带领集体直奔目标，而且帮助集体把要事情完成	他们会推动集体的进程并帮助集体加大投入	他们支持集体的进程，并帮助集体避免犯错
如果不知道将要发生什么事情（或直到有了新的行动方案才知道计划有变或感者看不到事情的进展，他们可能会感到苦恼不已	如果别人不像自己那样急切或感觉一事无成，他们可能会感觉失控，苦恼不已	当他们或其他人未能参与其中或感觉不被接受时，他们会有压力	如果被认可或者被催着赶快做出决定时间不够，自己的努力决定，他们可能会感到苦恼不已

改编自琳达·贝伦斯①及苏珊·纳什②的相关材料。

---

① Berens, L (2011) *Interaction Essentials: three keys to effective relationships in the workplace and beyond.*
② Nash S (2011) *Contextual Coaching.*

表 2 外部表现——如果您具有这种风格，您可能会表现出这种行为

	领航者 "计划是什么？咱们按计划来。"	倡导者 "咱们现在就把这事儿完成！"	激励者 "咱们开始一起做吧！"	合成者 "我们需要怎样的结果？"
声音	平静、慎重的语气 慢而稳的节奏 暂停进行思考 沉默是很自然的事情	开门见山的语气 快节奏 暂停就像很漫长的一段时间 见不得沉默	热自欢快的语气 快节奏 暂停就像很漫长的一段时间 见不得沉默	柔和耐心的语气 体贴的节奏 暂停进行思考 沉默是很自然的事情
身体	步子很轻 放东西时很小心 去目的地时思来想去，并进行必要调整 指指点点	步子很重 放东西时很用力 快速、直接走向目的地 拳头挥来挥去	步子很重 放东西时很用力 波浪线式走向目的地，沿途吸收相关人和信息 猛地挥动手臂、扭动身体	步子很轻 放东西时很安静 波浪线式走向目的地，沿途吸收相关人和信息 姿态轻盈、轻柔
谈论	计划、让谁参与、避开谁 因果	要实现的结果及采取的行动 因果	人们处于什么状况，参与者是谁 共识之处	需要的结果和信息 共识之处
方式	正式、公事公办	直来直去	有说服力、充满热情	不装腔作势、谦逊
能量	专注	执着	参与	亲切
看上去	安静、沉着、严肃、认真	麻利、自信、果决	善于表达、积极向上、随和	安静、从容、友好、耐心

改编自琳达·贝伦斯(一)及苏珊·纳什(二)的相关材料。

(一) Berens, L (2011) *Interaction Essentials: three keys to effective relationships in the workplace and beyond.*

(二) Nash S (2011) *Contextual Coaching.*

表3 内在动机——如果您具有这种风格，您可能会受到这些因素的驱动

	领航者 崇尚行动方案	倡导者 崇尚带有结果的行动	激励者 崇尚参与	合成者 崇尚最佳结果
目的	获得希望实现的结果	获得可实现的结果	获得人人欢迎的结果	获得最尚结果
动力	预见到赢得的迫切需求	完成行动的急切需求	让他人参与的急切需求	整合信息的迫切需求
核心信念	努力超前思考如何实现目标是有价值的	冒险前行，采取行动或做出决定是有价值的	努力让所有人参与进来，都愿意参与是有价值的	花时间整合，折中大量相关信息是有价值的
决定	深思熟虑，志在必得	干净利落	协作，投入	协商，整合
优先事项	制订行动方案以实现希望的结果	动员各种资源以实现可实现的结果	让别人参与以实现人人欢迎的结果	搜集信息和意见以获得最佳结果
可能的天赋	计划、监督、引导和调整	决定、指示、动员和执行	说服、激励、推动以及集广益	定义、说明、支持和整合
希望	集体都走上正轨，帮助集体对可能出现的问题做好准备	带领集体直奔目标，助集体把事情完成	推动集体的进程，并帮助集体进入大多人	支持集体的进程，并帮助集体避免记错
压力源	不知道可能发生什么看不到进展	一事无成感觉失控	未能参与其中感觉不招人喜欢或不受人待见	没有足够的信息，时间或信念还没准备好就急催着做决定

改编自琳达·贝伦斯① 及苏珊·纳什① 的相关材料。

① Berens, L (2011) *Interaction Essentials: three keys to effective relationships in the workplace and beyond.*
② Nash S (2011) *Contextual Coaching.*

表 4 打造高情商——自我意识

	领航者	倡导者	激励者	合成者
您给人留下的印象可能是……	较真、严肃 反应过慢 过于专注于细节或过程 与团队有些脱节 有所隐瞒、缺乏热情 强行推行您的框架或进程而显得死板 不愿考虑所有选项	过于直接 苛刻 缺乏耐心 不了解他人的感受 不喜欢其他可能的结果 通过控制资源挤掉他人 不倾听团队的看法	过度乐观 容易气馁 话太多 不在意细节或搭建框架和规划的需求 希望让他人参与、激发他人 热情过近乎狂热的主意太多	不够坚定 太刨根究底 花费太多时间、跑题 缺少明确的方向 采取决策和行动太慢 由于顾及太多需求而屈从 让事情复杂化
跟他人共事时您可以……	练习在恰当的时间发声 采用开放的肢体语言和表情 对新看法保持开放的态度 请对方给自己思考的时间 动动笔帮自己理清想法 恰当地表露自己的想法而不是一言不发 提供信息而不是指令，表明自己对其他观点的开放度 确保能够脱身，给自己一些独处的时间	承认自己感到沮丧 利用深呼吸等放松技巧退后一步，给他人思考的时间 放慢脚步，让别人说话 有意识地倾听他人的看法 避免批评他人及他人的看法 安排缓冲的时间、考虑后再行动 承认他人的感受 提供信息而非指示——不要什么事情都自己说了算 审视工作和生活的平衡	给自己的热情降温以取信于人 找个参谋，把事情都说出来 放慢节奏，把事情考虑清楚 主动让他人发言并倾听 重新思考消极反应——正确对待它们 给出方向而非信息——明确自己想要什么 利用技巧重建积极思维等自我信念	请别人给自己整理想法的时间和空间 要发言时使用更有表现力的肢体语言 更果断一些——自信地发言，进行总结，发言要具体、切题 想办法在人群中发声，在不受干扰的情况下让别人听到自己的声音 给出方向而非信息——明确自己想要什么 实现了对自己很重要的目标后奖励一下自己

表 5 打造高情商——他人意识

如果他们具有这种风格……	领航者	倡导者	激励者	合成者
他们的行为方式	表现出专注的能量 旨在获得希望的结果 迫切地希望预料到相关障碍 认为努力超前思考、实现目标是有价值的 慎重做出决定 不理解不到进展时可能会感到苦恼	表现出执着的能量 旨在获得可实现的结果 具有一种行动有成的紧迫需求 认为值得冒险前行，采取行动或做出快速决定 喜欢快速做出决策 一事无成或感觉失控时会感到苦恼	积极投入的能量 旨在获得人人欢迎的结果 迫切希望他人参与而且自己也会参与 认为值得努力让所有人都参与，而且让他们都乐意参与 喜欢协作性决策 有什么事情没能参与时可能会感到十分苦恼	表现出平易近人的能量 旨在获得最佳结果 受一种整合信息的迫切需求的驱动 认为值得花时间整合、调和各种信息 希望做出协商性决定 如果没有足够的时间、认可或被催着快速做出决定，他们可能会感到十分苦恼

学会相处
突破人际关系困境的人格心理学

您可以如何调整			
保持平静、直接、客观	言简意赅——迅速直奔主题	从聊天开始	保持开放、友好但不要过头
降低速度、暂停并倾听	动作麻利、语气有力、直接眼神接触	加快节奏、使用活泼、富有表现力的肢体语言	进行眼神接触,使用更温和的语气,低调一些
时不时进行眼神接触	表明您了解情况的紧迫性	他们说话时认真倾听并表现出兴趣	允许他们思考一下
保持专注、不要分神	解决了主要问题再聊天	呈现开放姿态、拿出热情来	倾听时不要打断他们
他们表达看法时保持耐心	告诉他们您正在做什么以及何时完成	用积极评价强化自己的观点	提出问题并认真听他们的回答
不要侵入他们的空间	话不要太多	用积极向上的语气提供信息	给他们反思和整合的时间
限制闲聊	帮助他们慢下来、退后一步进行观察	以自身为例	了解他们想法的进展
让他们了解计划的变化	告诉他们事情的原因	凸显某些选项的好处	不要催着他们立刻做出决定
强调关键的里程碑	告诉他们具体要求	让他们的主意听起来很积极	提供选项和注意事项
谈论目标及如何实现目标	必要时进行反击,他们并不介意	充当传声筒、帮他们考虑清楚	认同他们的意见
鼓励他们表达自己的想法和细节	理解他们的幽默		
把问题想清楚——不要冒进			

参考文献

致谢和前言

[1] Jung, C G (1923) Psychological Types
[2] Keirsey, D and Bates, M (1978) Please Understand Me: Character and Temperament Types
[3] Merrill, D W and Reid, R H (1991) Personal Styles and Effective Performance
[4] Bolton, R and Bolton, D G (2009) People Styles at Work and Beyond
[5] Marston, W M (1928) Emotions of Normal People
[6] Geier, J and Downey, D (1989) Energetics of Personality, Personality Analysis
[7] Vaillant, G, (2012) Triumphs of Experience: The Men of the Harvard Grant Study
[8] Berens, L (2011) Interaction Essentials: Three keys to effective relationships in the workplace and beyond

第一章

[1] Burkeman, O from an article in The Guardian newspaper 7 January 2016
[2] Berens, L Understanding yourself and others: An Introduction to Interaction Styles 2.0
[3] Goleman, D (1996) Emotional Intelligence: Why it can matter more than IQ
[4] Gardner, H (1983) Frames of Mind
[5] Ekman, P (1992) 'Facial expression of emotion – new findings, new questions', Psychological Science
[6] Salovey, P and Mayer, J D (1990) 'Emotional Intelligence', Imagination, Cognition and Personality
[7] Goleman, Boyatzis and McKee (2013) Primal Leadership: Unleashing the Power of Emotional Intelligence
[8] De Waal, F (2009) The Age of Empathy; Nature's Lessons for a Kinder Society
[9] Newman, M (2014) Emotional Capitalists: The Ultimate Guide to Developing

Emotional Intelligence for Leaders
[10] Uwe Krueger on BBC Radio 4 'In the Balance – EI and Business', January 2014
[11] Sigal Barsade, Professor of Management, Wharton School, University of Pennsylvania on BBC Radio 4 as above
[12] Mlodinow, L (2012) Subliminal: The New Unconscious and what it teaches us
[13] Eagleman, D (2015) The Brain: The Story of You
[14] Mlodinow, L (2012) Subliminal: The New Unconscious and what it teaches us
[15] Adelson, E, Professor of Vision Science at MIT, 1995
[16] McGurk, H and MacDonald, J (1976) 'Hearing Lips and Seeing Voices', Nature 264
[17] Berger, J (2016) Invisible Influence: the hidden forces that shape behaviour
[18] Loftus, E (1999) 'Lost in the mall: Misrepresentations and misunderstandings', Ethics & Behavior
[19] Mlodinow, L (2012) Subliminal: The New Unconscious and what it teaches us
[20] Eagleman, D (2015) The Brain: The Story of You
[21] Mlodinow, L (2012) Subliminal: The New Unconscious and what it teaches us, p 104
[22] Peters, S The Inner Chimp
[23] Mehrabian, A (1981) Silent Messages: Implicit Communication of Emotions and Attitudes
[24] Epley, N (2014) Mindwise: How we understand what others think, believe, feel and want
[25] Mlodinow, L (2012) Subliminal: The New Unconscious and what it teaches us
[26] Self, R (ed) (2005) The Neville Chamberlain Diary Letters: The Downing Street Years
[27] Cook, M (1998) Personnel Selection: Adding Value through People
[28] Epley, N (2014) Mindwise: How we understand what others think, believe, feel and want, p 31
[29] Vanderbilt, T (2016) You May Also Like: Taste in an Age of Endless Choice
[30] Maddocks, J (2014) Emotional Intelligence at Work – how to make change stick

第二章

[１] Nash, S (2011) Contextual Coaching
[２] Costa, P and McCrae, R (1985) The NEO Personality Inventory Manual
[３] Cain, S (2012) Quiet: The Power of Introverts in a World that Can't Stop Talking
[４] Kendall, E (1998) Myers Briggs Type Indicator: European English Edition

第三章

[１] Marston, W M (1928) Emotions of Normal People
[２] Berens, L (2011) Interaction Essentials: Three keys to effective relationships in the workplace and beyond
[３] Nash, S (2011) Contextual Coaching
[４] Cole, A www.cole-face.co.uk

第四章

[１] Thomas Kilmann conflict inventory

第五章

[１] Thomas Kilmann conflict inventory

第六章

[１] Thomas Kilmann conflict inventory

第七章

[１] Thomas Kilmann conflict inventory

第八章

[１] Newman, M (2014) Emotional Capitalists: The Ultimate Guide to Developing Emotional Intelligence for Leaders
[２] Heinrichs, J (2013) Thank you for Arguing: What Aristotle, Lincoln, and Homer Simpson can teach us about the Art of Persuasion

第十三章

[1] Mehrabian, A (1981) Silent messages: Implicit communication of emotions and attitudes
[2] O'Connor, J and Seymour, J (1990) Introducing NLP: Psychological Skills for Understanding and Influencing People
[3] Powell, J (1999) Why am I afraid to tell you who I am?
[4] Galbraith, J K (1971) Economics, Peace and Laughter
[5] Senge, P (1994) The Fifth Discipline Fieldbook

第十四章

[1] Goleman, D, Boyatzis, R and McKee, A (2004) Primal Leadership
[2] Corporate Leadership Council
[3] Sigal Barsade, Prof of Management, Wharton School, University of Pennsylvania on BBC Radio 4 'In the Balance – EI and Business', January 2014
[4] Eagleman, D (2015) The Brain: the Story of You
[5] O'Connor, J and Seymour, J (1990) Introducing NLP
[6] Cuddy, A (2015) Presence: Bringing Your Boldest Self to Your Biggest Challenges

第十五章

[1] French, J and Raven, B (1959) The Bases of Power
[2] Milgram, S (1963) 'Behavioral Study of Obedience' Journal of Abnormal and Social Psychology 67
[3] McClelland, D and Burnham, D (1976) 'Power is the great motivator' Harvard Business Review
[4] Keltner, D (2016) The Power Paradox: how we gain and lose influence
[5] Eddo-Lodge, R (2017) Why I'm No Longer Talking to White People about Race
[6] Hymowitz, C and Schellhardt, T (1986) 'The Glass Ceiling: Why Women Can't Seem to Break the Invisible Barrier that Blocks them from the Top Jobs', Wall Street Journal
[7] Owen, N (2015) Charismatic to the Core: a fresh approach to authentic leadership
[8] Fox Cabane, Olivia (2012) The Charisma Myth: master the art of personal magnetism

[9] Schutz, W (1958) FIRO: a three-dimensional theory of interpersonal behaviour

[10] Burnett, D (2016) The Idiot Brain: a neuroscientist explains what your head is really up to

第十六章

[1] Ernst, F (1971) The OK Corral: the grid for get-on-with in Transactional Analysis Journal

[2] Pink, D (2009) Drive: The surprising truth about what motivates us

[3] Neenan, M and Dryden, W (2002) Life Coaching: A Cognitive Behavioural Approach

第十七章

[1] Peston, Robert, BBC's Economics editor writing in 2013 in The Telegraph about his wife's death from cancer

[2] Yerkes, R M, Dodson, J D (1908). 'The relation of strength of stimulus to rapidity of habit-formation'. Journal of Comparative Neurology and Psychology.

[3] Hackston, J and Moyle, P (2013) Stress doesn't have to be distressing: understanding stress and building resilience

[4] McGee, P (2011) S.U.M.O. The Straight-talking Guide to Succeeding in Life

[5] Pink, D (2011) Drive: the surprising truth about what motivates us

[6] Kleitman, N, 'Basic rest-activity cycle—22 years later', Journal of Sleep Research & Sleep Medicine, Vol 5(4), Dec 1982, pp 311–317

[7] Schwartz, T and McCarthy, C, 'Manage your Energy not your Time', Harvard Business Review, October 2007

[8] Friedman, L F and Loria, K (2016) '11 Scientific Reasons you should be spending more time outside', Business Insider UK